嗨，我是
DeepSeek
实用操作指南

零基础秒变创作高手

赵纪军 ◎ 著

延吉 · 延边大学出版社

图书在版编目（CIP）数据

嗨，我是 DeepSeek：实用操作指南 / 赵纪军著 .
延吉：延边大学出版社，2025.3（2025.5 重印）. -- ISBN 978-7-230
-08075-0

Ⅰ . H15-39

中国国家版本馆 CIP 数据核字第 2025HB9533 号

嗨，我是 DeepSeek：实用操作指南

著　　者：赵纪军
责任编辑：刘晓敏
封面设计：王　月
出版发行：延边大学出版社
社　　址：吉林省延吉市公园路 977 号　　邮　　编：133002
网　　址：http://www.ydcbs.com　　　E-mail：ydcbs@ydcbs.com
电　　话：0433-2732435　　　　　　　传　　真：0433-2732434
印　　刷：三河市天润建兴印务有限公司
开　　本：880 毫米 × 1230 毫米　1/32
印　　张：5
字　　数：117 千字
版　　次：2025 年 3 月第 1 版
印　　次：2025 年 5 月第 2 次印刷
书　　号：ISBN 978-7-230-08075-0
定　　价：59.00 元

在这个信息爆炸的时代，文字显得越发重要。

无论是职场中一封打动人心的邮件、社交媒体上一条引发共鸣的动态消息，还是为孩子讲述一个温馨的睡前故事，文字都在默默塑造着我们的生活，连接着彼此的世界。然而，面对空白的页面，我们常常感到无从下笔——思绪如乱麻，想法难以成形，更别提撰写一篇好文章所需要的精彩的表达和引人入胜的结构了。

"要是有人能帮我把脑子里的想法转化成优美的文字该多好啊！"

这个愿望，现在已经不再遥不可及。

人工智能的飞速发展为我们带来了前所未有的可能性，而 DeepSeek（深度求索）正是这场革命中最闪亮的明星之一。它不只是一个冰冷的工具，更像是一位才华横溢的文字助手，随时准备将你模糊的想法转化为清晰的表达，将你简单的需求变成精彩的创作。

本书正是为了帮助你驾驭这位神奇助手而生。无论你是写作新手还是资深作者，无论你是因为工作需求还是个人兴趣，这本书都能带你踏上一段全新的创作之旅。

也许你会问："DeepSeek 这么智能，我直接使用不就好了，为什么还需要一本指南？"

DeepSeek 就像一把强大的瑞士军刀，虽然功能齐全，但如果不了解每个功能的最佳用法，你可能只会用它来削苹果，而忽略了它能够帮你解决更多复杂问题的潜力。这也是DeepSeek 一大特点——它的能力远超大多数人的初步印象。

事实上，DeepSeek 的真正魔力不在于替代人类创作，而在于赋能人类创作。当你学会如何与它对话，如何引导它理解你的真实需求，如何利用它激发你自己的创意潜能时，你会发现一个全新的创作世界正在向你敞开大门。

翻开这本书，你将获得一份完整的 DeepSeek 使用地图。从基础的操作指南到高级的创作技巧，从简单的日常应用到复杂的专业任务，我们都为你准备了清晰的路径和实用的方法。

不同于市面上那些枯燥的技术手册，这本书注重实用性和趣味性。每个章节都基于实际需求，每一个技巧都附带具体示例，每一个指导都来自真实经验。我们不仅要告诉你"怎么做"，更重要的是告诉你"为什么这样做"以及"如何做得更好"。

最重要的是，这本书不是要把你变成 AI 工具的依赖者，而是要帮助你成为 AI 工具的主宰者。我们相信，当你的创造力与 AI 工具的能力结合时，将会迸发前所未有的火花。

让我们开始吧，一个更加丰富多彩的创作世界正等待着你的探索！

➤ 目录
CONTENTS

第一章

认识 DeepSeek

在文字的世界里，一场革命正在悄然上演！DeepSeek 这位不眠不休的文字魔法师，准备带你穿越创作的壁垒。它既是你深夜灵感枯竭时的及时雨，也是你面对空白页面时的勇气之源。在这一章，我们将揭开这位天才写作伙伴的神秘面纱，让它成为你笔尖流淌的无限可能。准备好了吗？一场文字的盛宴，即将为你绽放！

什么是 DeepSeek：
让写作变简单的 AI 工具

还记得小时候写作文时的那种苦恼吗？面对空白的纸张，脑子里却像一团糨糊，不知道从何下笔。或者是工作中需要写一份报告，却不知如何组织语言才能让领导满意。这些写作的烦恼，现在有了新的解决方案——DeepSeek。

DeepSeek 是一款由深度求索人工智能基础技术研究有限公司研发的智能语言大模型，它拥有强大的自然语言处理能力，就像你身边的写作顾问，不仅会写，还懂得你想表达什么。不同于普通的文字处理软件，DeepSeek 能够理解你的需求，帮助你生成各种类型的文字内容，从简单的邮件到复杂的报告，从日常对话到专业文档，样样都能应对自如。

1 》 各类文章一键生成

无论是学校作业、工作报告还是个人创作，DeepSeek 都能帮你快速完成。比如，你可以这样请求：

"帮我写一篇关于春节传统习俗的文章，要包括年夜饭、贴春联和放鞭炮等内容。"

DeepSeek 会立即生成一篇结构清晰、内容丰富、可以直接使用的文章。

2 修改和完善已有文字

如果你已经写了一部分内容，但感觉不够好，DeepSeek可以帮你修改和完善。只需把你的文字发给它，并说明你希望如何改进，比如：

"这是我写的自我介绍，感觉有点儿干巴巴的，能帮我修改得生动一些吗？"

DeepSeek会在保留你原有信息的基础上，让文字更加生动有趣。

3 回答各种问题

DeepSeek不仅是写作助手，还是知识的宝库。你可以向它提出各种问题，它会给你详细而准确的回答。比如：

"太阳系有几个行星？每个行星有什么特点？"

DeepSeek会给你一个全面的解答，既符合科学范畴，又有有趣的知识点。

4 语言翻译和润色

如果你需要将一段文字翻译成另一种语言，或者想让你的英文邮件用词更加地道，DeepSeek都能帮上忙。只要告诉它你的需求：

"把这段中文翻译成英文，要表达得自然一些。"

DeepSeek会为你提供准确而自然的翻译，让你的跨语言交流更加顺畅。

5 创意写作和故事创作

想写一个故事但没有灵感？DeepSeek可以成为你的创

意伙伴。你可以给它一个简单的提示：

"请以'一只会说话的猫'为主角，写一个短篇童话故事。"

DeepSeek 会为你创作出一个有趣的故事，激发你的创作灵感。

有了 DeepSeek，你就拥有了一个随时待命的写作助手，它可以帮你破除写作障碍，激发创作灵感，提高工作效率。无论你是学生、职场人士还是创意工作者，无论你是写作高手还是新手，DeepSeek 都能根据你的需要，为你提供量身定制的帮助。

在接下来的章节中，我们将更深入地探讨如何在不同场景下使用 DeepSeek，以及更多实用的技巧和案例。准备好了吗？让我们一起深入 DeepSeek 的奇妙世界吧！

DeepSeek 的优势：
比其他 AI 工具更好用的地方

传统 AI 工具就像只会照本宣科的老学究——输入一个要求，吐出一堆干巴巴的文字，不仅缺乏个性，还经常让人尴尬到"脚趾抠地"。而 DeepSeek 的出现，彻底颠覆了这一切。它不仅能写，还能写出"有腔调、有温度、有灵魂"的内容，让你的文字瞬间高级起来！

接下来就让我们一探究竟，这个被无数写作达人疯狂"种草"的 AI 工具，到底有哪些让人欲罢不能的独家绝技？

中文写作大师：不是翻译腔，是地道中文范儿

（1）中文表达自带高级感

你肯定见过那种一看就是 AI 工具写的文章，比如"我们诚挚地邀请您参加将在明天举行的我们公司的年度庆典活动"——看着就别扭，对吧？这就是典型的"翻译腔"，像是把英文硬翻译成中文的结果。

DeepSeek 则完全不同。它会写出："诚邀您莅临明日的公司周年庆典，共襄盛举！"短短一句话，不仅信息完整，还自带高级感和人情味儿。为什么？因为 DeepSeek 是真正理解中文表达习惯的 AI 工具，它知道中国人喜欢言简意赅又不失礼节的表达方式。

测试发现，同样的写作需求，DeepSeek 生成的内容比其他 AI 工具所生成的更符合中国人的阅读习惯。

（2）玩转中文修辞手法

中文博大精深，光是修辞手法就有几十种。DeepSeek 不仅懂这些修辞，还能灵活运用，让你的文字自带文学气息。

当你要求"写一段描写雨天的文字"时，其他 AI 工具可能给你堆砌几个形容词，而 DeepSeek 会这样写：

"雨，像断了线的珠子，噼里啪啦砸向大地；像调皮的孩子，敲打着屋檐奏出节奏；又像温柔的情人，轻抚着窗棂诉说思念……"

比喻、拟人、排比一气呵成，这样的文字功底，连语文老师都要竖起大拇指！

（3）轻松驾驭各种"江湖黑话"

职场文案、网络热梗、行业术语……这些特定圈子的专属表达，DeepSeek 全都信手拈来。

比如写职场邮件，DeepSeek 知道什么时候用"请您批示"，什么时候用"望您指导"；写社交媒体文案，它能自然融入"绝绝子""班味"等流行语，既不生硬也不过时；就连各行各业的专业术语，它也能准确使用，让你的文章既专业又不失亲和力。

2 ▶ 文风切换大师：从严肃到搞笑，一键切换

（1）十八般文体，样样精通

写作的难点之一是要根据不同场合调整文风。学术论文要严谨客观，广告文案要生动吸睛，情感文章要真挚动人……换个人来写可能风格迥异，DeepSeek 却能一人千面！

比如让它写"喝水的好处"——

科普文风："研究表明，每日摄入 2000 毫升的水有助于维持人体代谢平衡……"

营销文风："每一滴水，都是生命的甘露！现在入手净水器，让健康触手可及！"

故事文风："小明从不主动喝水，直到那天他突然晕倒在马拉松赛道上……"

DeepSeek 就像拥有无数写作身份的"文体切换器"，你想要什么风格，它就能变成什么样的写作高手。

（2）一招"文风模仿术"，玩转各路名家风格

更厉害的是，DeepSeek 还能模仿特定作家的写作风格！如果你想体验一把鲁迅的犀利、钱锺书的幽默、张爱玲的忧伤，统统不是问题！

比如，要求用金庸风格写现代职场故事，DeepSeek 会立刻给出：

"张总踏入会议室，目光如电，扫过在座各位。'诸位

英雄，今日议事，乃是我司与东林集团争夺市场之大计。'众人闻言，无不精神为之一振。只见刘经理突然起身，掌心向上一推：'在下有一计，可保此战全胜！'"

这种模仿能力简直让人拍案叫绝！很多自媒体作者用它来突破创作瓶颈，尝试不同风格，轻松提升创作活力。

3 写作教练：不只帮你写，还能教你写

（1）超智能的修改建议

其他 AI 工具只会按你说的写，DeepSeek 却像一位专业写作教练，不仅帮你写，还会给出专业的修改建议。

当你把文章发给 DeepSeek 并请它提意见时，它不会像普通编辑那样只改错别字，而是从内容、结构、语言三个层面给出全方位点评：

"您的文章主题鲜明，但第二段的论述内容与主题联系不够紧密；建议将第四段的案例移到第二段，从增强说服力；文中'不胜枚举'一词使用频繁，可考虑用'数不胜数''比比皆是'等词替换……"

这样有理有据的专业建议，简直就是免费的写作课！难怪有人说："用 DeepSeek 写作，不仅文章内容越来越好，自己的写作水平也在不知不觉中提高了！"

（2）随时随地的灵感触发器

写作最怕的就是没灵感，对着空白页面苦思冥想却一个字也挤不出来。而 DeepSeek 简直就是为了解决这个问题而生的"灵感触发器"！

无论你卡在哪个环节，它都能给你提供无限可能：

开头写不出来？它能给你十种吸引人的开场。

案例想不出？它能根据你的主题提供生动的案例。

结尾不会收？它能帮你设计令人回味的结语。

有了这个随叫随到的创意助手，你再也不用担心灵感枯竭了！

⟨4⟩ 润色高手：让文字自带"高级光泽"

（1）告别"跟我读"式"尬聊"

大多数人写作时总会不自觉地重复某些词语或句式，导致文章读起来单调乏味。而 DeepSeek 有着超强的语言润色能力，能让你的文字自带"高级感"。

比如这段普通的文字：

"这个产品很好，功能很齐全，价格也很实惠，我很喜欢。"

经 DeepSeek 润色后：

"这款产品集功能全面与价格亲民于一体，令人爱不释手。"

仅仅一句话的变化，就能让文章档次立刻提升。难怪有用户笑称："用 DeepSeek 润色文章，就像给文字穿上了高定西装，精致得不像话！"

（2）一秒变身"文字魔术师"

DeepSeek 最神奇的能力，是它能根据你的需求，对同一个内容进行多种形式的转换。

长文变短文："帮我把这篇 3000 字的报告压缩成 300 字的摘要。"

普通变专业："把这段话改得更专业一些，适合在学术场合使用。"

严肃变有趣："把这个产品说明书改写成有趣的段子，吸引年轻人。"

这种灵活多变的文字转换能力，让你的创作效率成倍提升。一位营销总监说："以前一篇文案要改七八个版本，现在用 DeepSeek，只需输入调整需求，几秒钟就能得到全新版本，团队效率提高了 300%！"

5 个性化风格，让文章脱颖而出

在信息爆炸的时代，千篇一律的内容很难吸引读者。DeepSeek 能帮你打造独一无二的写作风格，让你的内容在海量信息中脱颖而出。

比如，同样是写美食推荐：

想要接地气？它会用生活化的比喻："这牛肉面的汤头浓郁得像外婆的爱，面条筋道得能弹断相思。"

想要高级感？它会用优雅的描述方式："牛肉的鲜香与汤底的醇厚完美融合，每一口都是味蕾的盛宴。"

想要搞笑风？它会变身段子手："这家牛肉面，让我吃完差点儿把舌头也咽下去，太香了！"

这种个性化能力，可以让你的内容永远保持新鲜感，读者看了还想看！

6 一对一私人写作导师：越用越懂你

使用其他 AI 工具，每次都要重复说明你的需求和偏好，DeepSeek 却能像老朋友一样记住你的写作习惯，越用越懂你！

比如，你喜欢用简短的段落，喜欢加入生活化的比喻，喜欢以问句开头……DeepSeek 会记住这些偏好，并下次创作时自动应用，仿佛专属于你的私人写作助手！

有了 DeepSeek 这位超强写作伙伴，无论你是需要发表论文的学生，撰写述职报告的职场人，还是追逐灵感的创作者，都能事半功倍，享受到前所未有的创作体验。它不仅能帮你写，还能陪你一起成长，从简单的文字助手进化为你的创意伙伴、写作导师，成为你思想火花的"助燃剂"。

快速上手：
5分钟内完成账号设置的实用指南

设置 DeepSeek 账号比你想象的要简单得多。不需要任何技术知识，只要会用手机或电脑上网，你就能轻松完成！本节将手把手教你如何在短短五分钟内完成 DeepSeek 账号的设置，让你立即拥有一位神奇的人工智能助手。

在创建 DeepSeek 账号前，你只需要准备：

◆一台能上网的设备：手机、平板或电脑。

◆稳定的网络连接：Wi-Fi 或移动数据。

◆有效的电子邮箱：用于接收验证码和重要通知。

◆几分钟的空闲时间：整个过程不会超过五分钟。

就是这么简单！不需要准备任何证件、不需要技术知识，也不需要下载复杂的软件，话不多说，马上开始！

❶ 网页版注册（适合所有设备）

网页注册是最通用的方式，以下是详细步骤。

第1步：访问官方网站。

打开你常用的浏览器→在地址栏输入 DeepSeek 的官方网址（www.deepseek.com）→单击回车或搜索按钮。

第 2 步：单击"开始对话"，进入登录页面，并选择登录方式。

DeepSeek 提供多种登录方式，选择你最方便的一种即可。

◆手机验证码登录：输入手机号接收验证码来登录（推荐）。

◆密码登录：注册手机号 / 邮箱，并通过密码来登录。

◆第三方账号登录：使用微信扫码登录（推荐）。

登录成功后，系统会自动定向回到主界面，你可以立即开始使用 DeepSeek 了！

2 》》 移动设备注册

你可以通过以下步骤在手机上完成注册。

第 1 步：下载应用。

打开你手机上的应用商店→在搜索框中输入"DeepSeek"→找到官方应用并点击"下载"或"安装"→等待下载和安装完成。

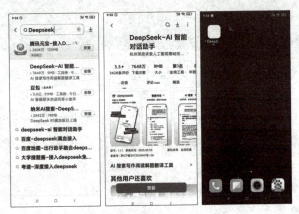

第 2 步：打开应用并注册。

安装完成后，点击应用图标打开 DeepSeek →选择登录方式进行登录→点击开启对话→进入 DeepSeek 对话页面。

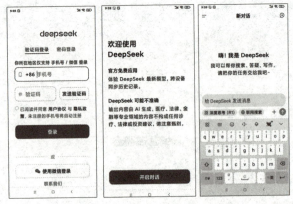

现在，你就可以向 DeepSeek 提问了，这是探索人工智能世界的第一步。整个过程很简单，对吧？

操作指南：
一看就会的 DeepSeek 界面使用方法

你已经成功注册了 DeepSeek 账号，现在是时候学习如何使用这个神奇工具了！DeepSeek 的界面设计得非常友好，就像你常用的聊天软件一样简单。即使你从来没有使用过类似的 AI 工具，也能很快上手！为了方便阅读，我们在下面这张界面图的功能位置依次标注了 ABCDEFG，请跟随我们的介绍一起来了解这些功能吧。

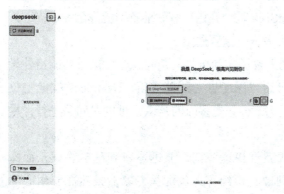

A. 展开对话列表

点击此按钮，左侧边栏会平滑展开，呈现你的完整对话历史记录。就像翻开个人日记本，所有过往的交流都按时间顺序整齐排列，最新的对话自动排在最前面以方便查找。想要整理这些对话吗？只需点击每个对话旁边的选项图标（三个小点），你就能给对话重新命名或者删除不需要的记录，就像整理你的数字书架一样简单直观。

B. 打开新对话框

位于 DeepSeek 主界面左上方的这个按钮是开启全新对话的入口。轻点一下，中央区域立即变成一片纯净的白色空间，犹如打开一张崭新的画布，邀请你开始全新的创作。别担心之前的对话会丢失——系统会自动将你之前的聊天内容保存到左侧的历史列表中，随时可以回顾。这样你就能在不同话题之间自由切换，每次都有一个清爽的开始。

C. 在框中输入提示词

DeepSeek 界面的核心区域是这个宽敞的输入框，它就像你与 DeepSeek 之间的桥梁。在这里，你可以像日常聊天一样自然地输入问题、请求或指令。无论是简单查询、复杂问题还是创意请求，都可以在这个空间表达你的需求。输入完成后，DeepSeek 就会开始理解并准备回应你的需求。

D. 深度思考，一定要选上

当你遇到需要深入剖析的复杂问题时，这个功能格外显得有价值。启用"深度思考"模式后，DeepSeek 就像一位专注的战略顾问，会花更多时间从多个维度对问题进行详尽思考。

普通模式就像快速咨询，能迅速得到基本答案；而深度思考模式则像是预约了一位资深专家，虽然需要耐心等待 30 秒到 1 分钟（界面上会有进度条显示），但回答的质量和深度会有显著提升，包含更全面、更系统的分析。

比如，提问"如何开一家成功的小型咖啡店？"开启深度思考后，DeepSeek 会从多个维度提供全面解答：

◆市场调研指南（如何分析社区人口结构、消费习惯和竞争环境）。

◆投资预算明细表（从装修、设备、原料到人力成本的详细预估）。

◆阶段性发展规划（从前期筹备、开业初期到稳定经营的关键任务时间表）。

◆潜在风险分析（预测可能面临的挑战并提供应对策略）。

◆精选学习资源（推荐咖啡制作课程、经营管理书籍和行业交流平台）。

使用小技巧：激活深度思考后，可以在问题末尾用括号添加关键限制条件，如"（预算 30 万元以内，城市社区位置，主打轻食）"，DeepSeek 会根据这些具体情况调整分析内容。如果想在过程中切换回普通模式，只需再次点击该按钮即可中断深度思考。

E. 联网搜索

这个功能让 DeepSeek 拥有了"联网"能力。点击后，DeepSeek 可以获取实时网络信息，适合查询天气预报、股市行情或资讯等需要实时数据的问题。启用联网搜索时，上传文件功能会暂时禁用（回形针图标变灰）。当你需要分析本地文档时，记得再次点击关闭联网功能，回形针图标就会重新可用，恢复上传文件的能力。

F. 上传附件

输入框旁边的回形针图标是文件上传入口。点击它会打开文件浏览窗口，支持上传 PDF、Word、Excel 以及各种图片格式（单个文件上限为 100MB）。上传成功后，文件图标会显示在输入区域上方，提示文件已就绪。

这时，你可以输入与文件相关的指令，如"总结这份文档的要点"或"分析这张表格的数据趋势"，DeepSeek 就会结合文件内容提供精准回应。如需要管理已上传的文件，可长按文件图标重命名或删除，操作简单直观。

G. 发送信息

界面右下角的蓝色箭头按钮是发送命令的执行键。点击它，你输入的内容或上传的文件就会传送给 DeepSeek 进行处理。发送后，按钮会变成旋转的加载图标，直观地展示 DeepSeek 正在思考和生成回答的过程。等待片刻，你的问题就会得到回应。

记住，使用 DeepSeek 就像与一个知识渊博的朋友聊天，不需要特殊的技术知识。大胆尝试，多多练习，你会发现它越来越好用！

最后一个小提示：学习新工具最好的方法就是实际使用。尝试用 DeepSeek 解决你的问题，帮你完成任务，或者只是闲聊一下。通过实践，你会越来越熟悉它的能力和限制，找到最适合自己的使用方式。

有效提问：
让 DeepSeek 准确理解需求的表达技巧

DeepSeek 很聪明，能够理解人类语言，但它毕竟不是真人，不能猜测你心里真正想的是什么。所以，如何清晰地表达你的需求，就成了使用 DeepSeek 的关键技巧。

1 基础指令技巧：从简单开始

（1）清晰明确

就像你面对医生的询问回答不够具体，医生无法精准诊断一样，对 DeepSeek 发送的指令不够具体，它也无法给你提供精确答案。

不够好的指令：写一篇文章。

更好的指令：请写一篇关于垃圾分类的文章，800 字左右，适合小学生阅读，语言要简单易懂。

看到区别了吗？第一个指令太过宽泛，DeepSeek 不知道你想要什么主题、什么风格、什么长度的文章。而第二个指令明确了主题（垃圾分类）、字数（800 字）、目标读者（小学生）和语言风格（简单易懂），这样 DeepSeek 就能按照你的需求精准创作。

（2）一次只问一个问题

想象你正在跟朋友聊天，如果一口气问了五个不同的问题，对方可能会不知所措，或者只回答最后一个问题。DeepSeek 虽然比人类记忆力强，但处理多个问题时也可能顾此失彼。

不够好的指令：什么是人工智能？它有什么应用？未来会替代人类工作吗？应该学习编程吗？Python 和 Java 哪个更好？

更好的指令：请简单介绍一下什么是人工智能，以及它目前在日常生活中的主要应用。

如果有多个相关问题，可以先问一个，得到回答后再继续深入。这样的对话更自然，也能获得更全面的信息。

（3）使用日常语言，无须专业术语

DeepSeek 能够理解各种表达方式，包括口语化的表达。

不需要担心自己不懂专业术语，用你平常说话的方式提问就可以了。

不够好的指令：请阐述机器学习算法在预测分析领域的应用范式及其对商业智能的影响。

更好的指令：人工智能是怎么帮助商店预测销售情况的？能举个简单的例子吗？

第一个指令使用了很多专业术语，可能连提问者自己都不能完全理解。第二个指令用日常语言表达，不仅自己容易理解，DeepSeek 也能给出更符合普通人需求的回答。

2 ◆ 进阶技巧：提高回答质量的小窍门

（1）提供足够的背景信息

仅仅发出指令有时是不够的，提供一些背景信息能帮助 DeepSeek 更好地理解你的情况和需求。

不够好的指令：如何培养兴趣爱好？

更好的指令：我是一个上班族，平时工作比较忙，周末有空闲时间。我想培养一个既能减压又不需要太多设备的兴趣爱好。有什么建议吗？

有了这些背景信息，DeepSeek 就能推荐更适合你实际情况的兴趣爱好，而不是泛泛而谈。

（2）明确你的预期

告诉 DeepSeek 你期望得到什么样的回答，这样它才能按照你的需求调整回答的形式和内容。

不够好的指令：减肥方法有哪些？

更好的指令：请列出 5 种适合在家进行的简单减肥方法，最好能包括使用每种方法大概需要的时间和适合人群。

第二个指令明确了你想要列表形式的回答，指定了数量（5种）、场景（在家）、复杂度（简单），以及每种方法应包含的信息（时间和适合人群）。这样的指令能得到更有针对性的回答。

（3）使用"角色设定"让回答更专业

如果你希望 DeepSeek 从特定角度回答问题，可以给它设定一个"角色"。

不够好的指令：怎样教孩子学习英语？

更好的指令：请从一位有 10 年经验的儿童英语教师的角度出发，给我一些在家教 5 岁孩子学习英语的实用建议。

通过设定"有 10 年经验的儿童英语教师"这个角色，DeepSeek 会从专业教育者的视角思考问题，提供更有教学经验的建议。

（4）指定回答的形式

根据你的需求，可以指定 DeepSeek 以特定形式回答，比如使用表格或按步骤说明等。

不够好的指令：如何做番茄炒蛋？

更好的指令：请用详细的步骤说明如何做番茄炒蛋，包括准备材料清单、每个步骤的操作要点和可能的失误提醒。

这样的指令不仅能得到做番茄炒蛋的详细方法，还能按照你指定的结构（材料清单、步骤说明、失误提醒）组织信息，使回答更加实用。

3 调整和改进：当回答不理想时怎么办

（1）善用后续指令

如果 DeepSeek 的回答没有完全满足你的需求，不要着急重新开始，可以通过后续指令进行调整。

初始指令：介绍一下如何开始学习摄影。

假设 DeepSeek 回答得很全面但过于专业。

后续指令：谢谢介绍，但这些内容对我来说有点复杂。能否简化一下，重点介绍适合初学者的入门相机和 3 个基础拍摄技巧？

通过后续指令，你可以引导 DeepSeek 调整回答的深度和重点，而不必重新开始对话。

（2）明确指出不满意的地方

如果 DeepSeek 回答的某部分不符合你的预期，可以直接指出并说明你想要的是什么。

比如： "刚才的回答中关于预算的部分不太符合我的情况。我的预算是 3000 元以内，能根据这个预算重新推荐一下适合初学者的相机吗？"

DeepSeek 不会因为你的"批评"而感到冒犯，相反，明确的反馈能帮助它更好地调整回答内容。

（3）尝试重新组织问题

如果多次调整后仍不满意，可以尝试用完全不同的方式重新发送指令。

原指令：写一篇关于环保的文章。

重新组织后的指令：我需要为社区环保宣传栏准备一篇短文。主题是日常生活中的环保小习惯，需要包括节水、节电、垃圾分类三个方面，每个方面包含 2—3 个简单易行的小建议。文章风格要积极正面，鼓励居民参与环保。总字数控制在 800 字左右。

重新组织指令时，尽量详细描述你的具体需求，包括目的、内容、风格、长度等关键元素。

与 DeepSeek 进行有效沟通是一项能力，需要你通过实践来提升。记住这些要点：

◆清晰具体：明确说明你需要什么。

◆提供背景：分享相关的情境和条件。

◆表明期望：指出你希望回答的形式和深度。

◆耐心调整：通过后续对话以不断优化结果。

4　为什么发送同样的指令却会得到不同的答案？

你可能发现了一个有趣现象：即使你对 DeepSeek 提相同问题，它每次给的答案也有差别。就像向老师请教同一道题，有时候他详细讲解，有时候只给你个公式，这其实是一种人性化的处理方式！

为什么会这样呢？因为开发者在 DeepSeek 里加了点"随机因子"。这样做的好处就是让回答看起来更像真人聊天，不会像复读机一样千篇一律。想想看，如果你请它讲个笑话，得到的都是"要把大象装冰箱总共分几步"这个梗，是不是很尴尬？

这种随机性还能让 DeepSeek 在帮你写东西时给出不同花样。比如，你让它帮忙写个产品介绍，它可以每次呈现不同文案风格，让你从中挑选最适合的那个，而不是只给你一个固定的模板。

所以，看到 DeepSeek 每次回复都有新花样，别担心它是不是故障了。这是设计师的小心思，就是为了让你用得更爽、体验更丰富。毕竟谁愿意天天跟一个只会固定台词的 AI 工具打交道呢？

学习使用 DeepSeek 就像学习任何新技能一样，一开始可能会有些生疏，但随着练习，你就会越来越熟练地引导 DeepSeek 给出符合你期望的回答。尝试用本节介绍的技巧向 DeepSeek 发送一条指令吧！你会发现，清晰的指令往往能得到令人惊喜的回答！

第二章

DeepSeek 提问技巧与沟通方法

掌握与 DeepSeek 的对话艺术，宛如拥有了创作王国的钥匙！本章我们将揭开 AI 工具的神秘面纱，教你如何一招制胜，让 DeepSeek 立刻心领神会。那些清晰的提问结构，那些点石成金的关键细节，那些令人惊叹的多角度思考，将彻底改变你与 AI 工具的互动方式！告别模糊不清的表达，迎来如臂使指的流畅体验！准备好了吗？一场提问革命即将开启，让 DeepSeek 成为你思想的完美延伸，创作的无限放大器吧！

清晰提问结构：
让 DeepSeek 快速理解你需求的表达框架

对着 DeepSeek 提出一个问题，结果得到的回答和你期望的相去甚远；你描述了一个复杂的需求，但 DeepSeek 似乎只抓住了其中的一小部分，完全忽略了你真正想要的内容。

你是否曾有过以上经历？别担心，这不是你的错，也不是 DeepSeek 的问题。这只是因为我们需要学习如何更有效地与 AI 工具沟通！接下来，我们就来学习如何构建清晰的提问结构，让 DeepSeek 准确理解你的需求，提供最贴心的帮助。

1 提问的黄金法则：五步结构化提问法

下面介绍一个简单实用的"五步结构化提问法"，有了它，你在任何情况下都能清晰表达需求。

（1）明确你的主题和目的

每个好问题的设置都是明确你到底想了解什么，或者想完成什么任务。这就像是给 DeepSeek 一个明确的方向指引。

错误指令：我想了解关于健康饮食的信息。

这个问题太宽泛了，DeepSeek 无法判断你是想了解减肥饮食、增肌饮食，还是针对特定健康问题的饮食建议。

正确指令：我想了解适合 30 岁办公室白领的健康午餐

方案，目的是保持精力充沛并控制体重。

这个问题明确了主题（健康午餐）和目的（保持精力、控制体重），以及目标人群（30 岁办公室白领）。

实用提示：在提问前，先问自己："我真正想知道的是什么？我希望用这个信息做什么？"这能帮你确定真正的目的。

（2）提供必要的背景信息

背景信息就像是拼图的边框，能帮助 DeepSeek 更全面地理解你的问题。没有足够多的背景信息，DeepSeek 可能会做出错误的假设。

错误指令：请给我推荐一些书。

没有任何背景信息，DeepSeek 只能随机推荐或者询问更多细节。

正确指令：请给我推荐一些书。我是一名 35 岁的市场营销人员，平时工作很忙，主要想通过阅读提升创意思维能力。我喜欢轻松易读的非虚构类书籍，每次阅读时间 30 — 60 分钟。

这个问题提供了年龄、职业、阅读目的、阅读偏好和阅读习惯等背景信息，使推荐更加精准。

实用提示：尝试从"谁、什么、为什么、何时、何地、如何"这六个维度提供相关背景。不必面面俱到，但要包含与你的问题密切相关的信息。

（3）设定清晰的期望和要求

告诉 DeepSeek 你期望得到什么样的回答，包括内容形式、详细程度、专业深度等。这就像是向厨师说明你想要的菜肴口味和分量。

错误指令：解释人工智能。

这个问题没有说明你期望得到的解释深度和方向，可能会得到过于简单或过于复杂的回答。

正确指令：请用简单易懂的语言解释人工智能的基本概念，就像向一个 10 岁的孩子解释此问题一样。最好能用生活中的例子来说明，不要超过 300 字。

这个问题明确了语言风格（简单易懂）、解释方式（生活例子）和内容长度（300 字以内）。

实用提示：

指令需要说明以下要素：

◆ 回答的详细程度（简要概述还是深入分析）。

◆ 语言风格（偏学术还是通俗易懂）。

◆ 内容长度（简短还是详尽）。

◆ 特殊格式要求（使用表格、步骤说明等）。

（4）分解复杂问题

如果你的问题很复杂，尝试将其分解为几个小问题或要点。这样不仅能帮助 DeepSeek 更好地理解，也能让回答更有条理。

错误指令：我想自学编程，怎么做？

这个问题太大太笼统，很难在一个回答中全面覆盖。

正确指令：我想自学编程，请帮我回答以下几个问题：作为零基础的初学者，应该先学习哪种编程语言？每周学习 10 个小时，大约需要多长时间能掌握基础？有哪些推荐的免费学习资源？如何检验自己的学习成果？

将大问题分解为几个具体的小问题，能使回答更加聚焦和实用。

实用提示：对于复杂问题，先在纸上列出你想知道的所有要点，然后将它们组织成有逻辑的小问题。这不仅有助于 DeepSeek 理解，也帮你自己厘清思路。

（5）使用互动引导（可选）

有时，你可能希望与 DeepSeek 进行更多互动，而不是一次性获得所有信息。这时可以设置一些引导性的互动机制。

错误指令：告诉我所有关于投资的知识。

这个要求过于宽泛，且没有互动引导，容易得到冗长且不实用的回答。

正确指令：我是投资新手，对股票、债券和基金都不太了解。请先简单介绍这三种投资方式的基本概念和差异，然后我会根据兴趣选择一种进行深入了解。

这个问题设置了一个互动节点，让对话能够根据你的反馈进行调整。

实用提示：在提问中可以明确表示："请先告诉我 A，然后我们再讨论 B"或"我可能需要根据你的回答提出后续问题"，这样 DeepSeek 会知道这是一个需要持续互动的对话。

2 》》 实用场景的提问模板

为了让你更容易上手，这里提供几个常见场景的提问模板，你可以根据自己的需求进行调整。

（1）寻求解释或知识

指令模板：请解释 [主题]，我的背景是 [具体背景]，目前对此了解程度是 [了解程度]。希望得到的解释能够 [简单 / 详细 / 专业]，最好能包含 [实例 / 图表 / 步骤]。特别关注 [特定方面]，不需要涵盖 [不需要的内容]。

例如，"请解释比特币的工作原理，我是一名高中老师，目前对加密货币几乎零了解。希望得到的解释能够简单易懂，最好能包含生活化的比喻。特别关注它为什么有价值这方面，不需要涵盖太复杂的技术细节。"

（2）寻求创意或建议

指令模板： 我需要关于 [主题] 的创意 / 建议。背景情况是 [背景信息]，目标是 [期望达成的目标]。我喜欢 / 倾向于 [偏好]，但希望避免 [不想要的元素]。如果可能，请提供 [数量] 个不同方向的选项，每个包含 [具体要素]。

例如，"我需要关于周末家庭聚会的创意建议。背景情况是我家有老人和 10 岁的孩子，共 12 人参加，目标是让各个年龄段的人都能享受其中。我喜欢互动性强的活动，但希望避免太剧烈的运动（考虑到老人）。如果可能，请提供 5 个不同类型的活动选项，每个活动选项包含所需准备的材料和大致流程。"

（3）解决问题或故障排除

指令模板： 我遇到了 [问题描述] 问题。我使用的是 [设备 / 软件 / 工具]，版本 / 型号是 [版本信息]。我已经尝试了 [已尝试的解决方案]，但问题依然存在。错误信息 / 现象是 [具体表现]。请提供可能的原因和分步骤的解决方法，最好包含常见陷阱的提醒。

例如，"我遇到了 Word 文档无法保存的问题。我使用的是 Microsoft Word 2019，Windows 10 系统。我已经尝试了重启电脑，但问题依然存在。错误信息是"无法保存到指定位置，请检查权限设置"。请提供可能的原因和分步骤的解决方法，最好包含常见陷阱的提醒。"

（4）请求内容创作

指令模板： 请帮我创作一篇 [内容类型]，关于 [主题]。目标受众是 [受众描述]，内容目的是 [目的]。风格希望 [风格描述]，长度大约 [长度要求]。需要包含的关键点有 [要点列表]，特别强调[重点内容]。如果可能，请提供[额外元素，如标题建议/开场白/结束语等]。

例如，"请帮我创作一篇电子邮件，主题是关于推迟项目截止日期。目标受众是我的项目经理，内容目的是礼貌地请求将截止日期推迟一周。风格希望专业但不过于正式，长度为 200 — 300 字。需要包含的关键点有：当前进度、延迟的具体原因、新的时间表建议、可能的补救措施，特别强调我们依然能保证项目质量。如果可能，请提供 2 — 3 个不同的邮件标题建议。"

掌握这些提问技巧后，你会发现与 DeepSeek 的对话变得更加高效和愉快。就像与朋友交流一样，当你表达清晰时，对方也能更好地帮助你。

关键信息提供：
提高回答质量的必要细节整理方法

你有没有这样的经历？向 DeepSeek 提出一个问题，却得到了不够精准的回答；或者让 DeepSeek 帮你写一份文案，结果与你的想象相去甚远。明明 DeepSeek 很强大，为什么有时候它似乎理解不了你的真实需求呢？

答案很简单：DeepSeek 需要足够的关键信息才能发挥出真正的实力！今天，我们就来学习如何整理并提供关键信息，充分激发 DeepSeek 的潜能，让它真正成为你的得力助手。

DeepSeek 拥有强大的理解能力和创作能力，但这些能力的发挥需要建立在充分信息的基础上。了解 DeepSeek 的这些特性，能帮助我们更好地提供它所需的信息。

1 DeepSeek 的"最佳工作模式"

DeepSeek 最擅长的是根据上下文给出定制化回答，而不是猜测用户意图。当你提供足够的背景信息、明确的需求和具体的约束条件时，DeepSeek 能够发挥出最大潜力。

例如，如果你只说"帮我写一篇文章"，DeepSeek 只能给出一篇通用的文章；但如果你提供了主题、目标受众、风格要求和关键要点，DeepSeek 就能创作出一篇真正符合你需求的精彩内容。

2 DeepSeek 的专长领域与信息需求

DeepSeek 在不同领域有不同的专长，但每个领域都需要特定的信息才能提供最优质的帮助。

◆创意写作：需要风格、语调、目标受众和核心信息。
◆专业建议：需要你的具体情况、目标和约束条件。
◆技术解答：需要你的知识水平、使用场景和具体问题。
◆内容转化：需要原始内容和转化目标的明确要求。

明白这些特点后，就能有针对性地为不同类型的请求提供关键信息。

3 "DeepSeek 信息金字塔"：提供信息的层次结构

"DeepSeek 信息金字塔"模型能帮助你系统地向 DeepSeek 提供信息。这个模型包含了从底层的必要信息到顶层的优化信息，全面整理了你需要向 DeepSeek 提供的关键细节。

（1）基础必要信息（必须提供）

这是最基础的信息层，无论什么类型的问题，都应该提供这一层的信息。

◆任务类型：你希望 DeepSeek 做什么（解释概念、创作内容、提供建议等）。

◆核心需求：你的主要问题或请求是什么。

◆基本上下文：与问题直接相关的基础背景。

例如，不要只说"请帮我写一封邮件"，而应该说"请帮我写一封向客户道歉的邮件，解释我们产品发货延迟的原因"。

（2）情境限定信息（提高相关性）

这一层信息帮助 DeepSeek 了解你的具体情境，使回答更加贴合你的实际需求。

◆个人或组织情况：你的身份、背景、行业等。

◆目标和意图：你想通过这个问题或任务达成什么目标。

◆受众或使用场景：内容面向谁或将在什么场景下使用。

例如，向 DeepSeek 请教职业规划时，说明"我是一名有 5 年经验的前端开发工程师，正在考虑是继续深耕技术路线还是转向管理岗位"，会比简单问"前端工程师如何规划职业发展方向"得到更有针对性的建议。

（3）规格与约束信息（确保实用性）

这层信息确保 DeepSeek 的回答在实际应用中有用。

◆格式要求：内容的组织形式、长度、结构等。

◆风格要求：语言风格、专业程度、情感基调等。

◆资源限制：时间、预算、可用工具等约束条件。

◆技术或知识水平：相关领域的熟悉程度或专业水平。

例如，请求 DeepSeek 写代码时，需要明确说明"我是 Python 初学者，请用简单易懂的代码实现这个功能，并附上详细注释"，会比单纯要求"写个爬虫程序"得到更适合你的代码。

（4）优先级与偏好信息（个性化调整）

这一层信息帮助 DeepSeek 在多种可能的方案中选择最适合你的。

◆优先考虑因素：在多个目标中哪些更重要。

◆参考示例：你喜欢或不喜欢的具体例子。

◆风格偏好：你个人的审美或表达偏好。

◆特殊关注点：你特别想强调或避免的内容。

例如，请求 DeepSeek 写一份旅行计划时，说明"我更看重文化体验而非购物，特别喜欢像《寻味东京》这样的深度体验"，会比简单的"帮我规划东京之旅"得到更符合你口味的建议。

（5）反馈与调整信息（迭代完善）

这是金字塔的顶层，用于持续优化 DeepSeek 的回答。

◆具体反馈：对前一个回答的具体评价。

◆调整方向：希望如何修改或改进。

◆满意之处：哪些部分已经符合期望。

◆仍需完善处：哪些方面还需要改进。

例如，收到 DeepSeek 的初步回答后，可以说："内容的专业深度很好，但语言风格偏学术化，能否调整为更适合普通读者的表达方式？尤其是第二部分的技术描述需要简化。"

向 DeepSeek 提供信息不是越多越好，而是越相关越好。掌握了这些信息提供技巧，你将能更有效地与 DeepSeek 协作，让它真正成为你的得力助手！

有效对话技巧：
与 DeepSeek 进行高效多轮沟通的方法

向 DeepSeek 提问后，得到的回答总是不够理想，要么是内容不够准确，要么是没有完全理解你的意图，要么是回答太过笼统，不够个性化。

如果你也遇到以上情况，不用担心，DeepSeek 最强大的特点之一就是能够通过多轮对话持续调整回答。和其他 AI 工具不同，DeepSeek 拥有更强的上下文理解能力和对话连贯性，这使得引导它改进回答内容变得非常高效。今天，我们就来学习如何在得到的回答不满意时，巧妙地引导 DeepSeek，让它在后续对话中不断完善结果。

1 DeepSeek 的独特对话能力

DeepSeek 与一般 AI 工具相比，在多轮对话中有几个显著优势。

◆强大的上下文理解：DeepSeek 能够较好地理解长对话中的上下文信息，减少重复解释的需要。

◆概念记忆能力：一旦你解释了某个个人化概念，DeepSeek 能在后续对话中正确引用。

◆持续学习特性：DeepSeek 会根据你的反馈不断调整回答方向，逐步接近你的真实需求。

◆细节把控能力：DeepSeek 能够根据引导调整回答的具体细节，而不是简单地重新生成内容。

了解这些特点，能帮助我们更有效地引导 DeepSeek，让对话不断深入和完善。

2 第一轮回答不满意时的 DeepSeek 引导技巧

当 DeepSeek 的第一轮回答不够理想时，这些技巧能帮你获得更好的结果。

（1）提供明确的偏好定向

DeepSeek 特别善于根据明确表达的偏好调整回答风格和内容。

不推荐的反馈： 我不太喜欢这个回答，能不能重新写？

推荐的反馈： 谢谢你的回答。我注意到你的回答风格较为学术化，但我更偏好轻松幽默的表达方式，就像朋友间的对话。同时，我希望内容中能增加更多实际案例，减少理论解释。能否按照这个方向调整？

这种明确点出偏好的方式，能让 DeepSeek 在后续回答中迅速调整语言风格和内容结构。

（2）请求 DeepSeek 拓展特定部分

DeepSeek 能够精确地拓展回答中的特定部分，而不是完全重写内容。

指令提示： 你关于健康饮食的概述很有帮助，我特别想深入了解你提到的"间歇性断食"部分。能否详细解释不同的间歇性断食方法（如 16/8 法、5∶2 法等），它们各自的优缺点，以及适合哪些人群？其他部分的内容已经足够详细，不需要再展开。

（3）指出具体误解并纠正

当 DeepSeek 对你的需求有误解时，清晰指出并提供正确信息。

指令提示： 看起来你理解我是想为企业团队建立协作系统，但实际上我是想为一个 20 人的志愿者组织寻找免费或低成本的协作工具。我们没有 IT 预算，成员都是业余时间参与，技术水平参差不齐。考虑到这些因素，能否调整你的建议？

（4）使用"这部分好，那部分需改进"结构

DeepSeek 特别擅长处理结构化反馈，指明哪些部分要保留，哪些需调整。

指令提示： 你的回答中有几个部分我很满意：关于投资分散化的解释非常清晰，风险评估的部分也很实用。但是关于退休计划的建议似乎更适合美国市场，而我在中国。能否保留前两部分的内容风格，但将退休计划部分调整为适合中国国情的建议？特别要考虑到我们的养老金体系和商业养老保险。

（5）引导 DeepSeek 使用其特有功能

DeepSeek 有一些特殊能力，可以通过明确引导来激活这些功能。

指令提示：感谢这个初步方案，我知道你有创建结构化内容的能力，能否将这个市场分析整理成一个 SWOT 分析框架（优势、劣势、机会、威胁），并为每个象限提供 3—5 个要点？这样的结构会帮助我更好地理解和记忆这些信息。

3 第二轮回答后的精细化引导技巧

如果第二轮回答仍需调整，以下技巧能帮助 DeepSeek 更精准地满足你的需求。

（1）请求 DeepSeek 解释其思路

DeepSeek 能够解释自己的思考过程，这有助于你理解回答背后的逻辑，并更有针对性地提出调整建议。

指令提示：你推荐的这几种投资组合配置背后有什么考量？能否解释一下你是如何根据我提到的风险承受能力、投资期限和流动性需求来设计这些配置的？了解你的思路会帮助我更好地评估这些建议是否适合我的情况。

（2）进行比例调整

DeepSeek 能根据你的反馈调整不同部分内容的比重。

指令提示：谢谢你做出调整后的营销策略，不过我发现内容仍然有 80% 集中在社交媒体营销，只有 20% 讨论实体推广。能否调整这个比例，使实体营销和线上营销各占 50%？特别是增加关于小型商户如何进行本地社区低成本营销活动的具体建议。

（3）引导 DeepSeek 运用不同思维模式

DeepSeek 能够根据指导切换不同的思维模式，产生更全面或更创新的回答。

指令提示：这个问题解决方案很直接，但我想看到更多角度的思考。能否用"六顶思考帽"方法分析这个产品定价策略？特别是红帽（情感）、黑帽（批判）和绿帽（创新）的视角可能会带来新的洞见。

（4）提供参考示例引导方向

提供你喜欢的具体示例，能帮助 DeepSeek 更准确地把握你期望的风格和深度。

指令提示： 我想要的简历风格最好包括简洁有力的成就陈述，每条都有量化结果，使用行动导向的动词开头，例如"领导了一个 5 人团队，将客户转化率提高 35%"。你能按照这个风格重新调整我的简历内容吗？

（5）引导 DeepSeek 进行自我评估和完善

DeepSeek 有自我评估能力，可以通过引导，让它客观评估自己的回答并提出改进方案。

指令提示： 你能评估一下你刚才提供的 Python 代码解决方案的优缺点吗？特别是考虑时间复杂度、可读性和可维护性方面。如果有更优的解决方案，请提出来并解释为什么它更好。

4 第三轮及以后的高级引导策略

对于需要精确定制的复杂问题，可能需要三轮或更多对话。以下是一些高级引导策略。

（1）建立明确的对话路线图

为长对话设定清晰的阶段目标，帮助 DeepSeek 理解整个对话的方向。

指令提示： 我们已经讨论了创业想法的市场分析和初步商业模式。接下来，我想按以下步骤继续深入：首先探讨具体的目标客户画像，然后制定初期营销策略，最后讨论前 6

个月的行动计划。你认为这个路线图合理吗？如果合理，让我们先从详细的目标客户画像开始。

（2）引导 DeepSeek 进行渐进式复杂化

先获取基础答案，然后逐步增加复杂度，这种方式特别适合 DeepSeek 的能力结构。

指令提示： 感谢你提供的基础投资知识，现在我已经理解了基本概念，请将内容深入一层，介绍各类投资的高级策略，如期权策略、对冲技术和宏观经济因素分析。假设我已经掌握了基础知识，直接从中级水平开始解释这些概念。

（3）引导 DeepSeek 进行换位思考

DeepSeek 能够模拟不同角色的思考方式，提供多元视角。

指令提示： 现在我们已经从产品经理和工程师的角度分析了这个功能。能否再从以下三个视角分析：（1）普通用户会如何看待和使用这个功能；（2）竞争对手可能如何应对；（3）投资者会如何评估这个功能对公司价值的影响。每个视角都请给出具体的考量点。

（4）引导 DeepSeek 进行批判性思考

鼓励 DeepSeek 质疑自己的假设和结论，探索替代解释或方案。

指令提示： 你的市场分析非常全面，但我想看到更有批判性的思考。能否挑战你自己提出的三个主要结论，考虑哪些因素可能导致相反的结果？特别是，如果我们的目标市场增长预测过于乐观，会有什么风险和替代策略？

通过本节内容，我们学习了如何在 DeepSeek 的回答不完全符合期望时，有效地引导它进行调整和完善。与 DeepSeek 的对话是一个相互学习、不断完善的过程。通过有效的引导，你可以帮助 DeepSeek 更好地理解你的真实需求，从而获得更满意的回答。

实例驱动提问：
用具体例子让 DeepSeek 理解需求的技巧

古人云："不以规矩，无以成方圆。"同样地，没有具体例子，DeepSeek 很难完全理解你的需求。无论你是准备创作内容、解决问题还是获取知识，一个精心设计的实例往往胜过千言万语的抽象描述。

本节将介绍如何通过具体例子来引导 DeepSeek，让它更精准地理解你的需求，提供量身定制的回答。这就像是你不仅告诉厨师"我想吃辣的"，还具体说明"要像川菜那种麻辣，不要像湖南菜那种干辣"，让厨师能做出正合你口味的菜肴。

以下是五种使用实例进行提问的方法，每种方法各有所长，适用于不同场景。

1 "像这样"法：提供模仿样本

这种方法直接提供一个你喜欢的样本或风格，请 DeepSeek 按照类似风格创作或解答。

不含例子的指令：请写一封辞职信。

包含例子的指令：请写一封辞职信，语气要专业、礼貌又不失温度，像下面这个例子一样：

"尊敬的王经理：

感谢您和公司这两年来对我的培养和信任。经过慎重考虑，我决定于一个月后离职，寻求新的职业发展机会。在剩余的工作时间里，我会认真完成手头项目并做好工作交接，确保平稳过渡。再次感谢公司提供的宝贵经验和成长空间。"

请按照类似的语气和结构，但内容调整为因家庭原因需要搬到外地而辞职。

通过提供一个具体样本，DeepSeek 能立即理解你期望的辞职信风格，并按照类似标准创作一封新的信件。

2 "对比鉴别"法：通过正反例说明

这种方法同时提供好的和不好的例子，帮助 DeepSeek 理解你的具体偏好。

不含例子的指令：请写一篇吸引人的产品描述。

包含例子的指令：请为一款智能手表写产品描述，要吸引年轻消费者。

这是我认为不好的描述："本产品采用高端配置，功能强大，性价比高，是您的不二选择。"这种描述太空洞，没有具体特点，也没有情感共鸣。

这是我喜欢的描述风格："戴上 XWatch，当你在城市中穿梭，它会默默记录你的每一步；当你彻夜不眠奋战项目，它会提醒你站起来活动 5 分钟；当你的心跳因为那个心动的人而加速，它也会发现并悄悄记录这美好的瞬间。它不只是一块表，更是懂你的贴心伙伴。"

请按照我喜欢的风格，为一款主打健康监测的智能手表写一段吸引人的描述。

通过正反对比，DeepSeek 能清晰把握你对"吸引人"的具体定义，从而创作出符合你期望的内容。

3 "场景模拟"法：提供具体情境

这种方法通过设定一个具体场景，让 DeepSeek 置身其中思考问题，特别适合寻求解决方案时使用。

不含例子的指令：如何处理客户投诉？

包含例子的指令：请提供处理客户投诉的有效技巧。具体情况是：我经营一家线上服装店，最近收到一位客户的投诉，她购买的连衣裙穿了两次后，腋下位置裂开了。她在社交媒体上发布了负面评价，要求全额退款并赔偿。根据我们的检查，这可能是尺码选择不当导致的布料拉伸过度，而非产品质量问题。在这种情况下，我应该如何妥善处理这次投诉，既能安抚客户情绪，又能保护店铺声誉？

通过详细描述具体场景，DeepSeek 能提供更有针对性和可操作性的建议，而不是泛泛而谈。

4 "类比联想"法：通过相似事物解释

这种方法使用类比来说明你的需求，特别适合解释抽象概念或复杂需求。

不含例子的指令：请解释什么是区块链技术。

包含例子的指令：请用生活中的例子解释区块链技术。我想要的解释方式类似："互联网就像一条信息高速公路，数据如同车辆在上面流动；搜索引擎则像是这条高速公路的导航系统，帮助人们找到所需的信息出口。"这种比喻简单直观，即使完全不懂技术的人也能理解其复杂概念。请以类似的方式，用简单生动的比喻解释区块链技术的核心原理。

通过提供类比示例，DeepSeek 能理解你期望的解释风格，并创造类似的比喻来解释复杂概念。

　　通过本节内容，我们学习了如何运用具体例子让 DeepSeek 更好地理解我们的需求。当你下次向 DeepSeek 提问时，不妨多花一点时间，准备一两个恰当的例子。这就像是在复杂的丛林中为 DeepSeek 点亮指路明灯，帮助它更准确地理解你的需求，为你提供更贴合心意的回答！

第三章

DeepSeek 日常写作使用指南

日常生活中，文字无处不在，在需要时却让人挠头！节日祝福让你词穷？演讲稿令你头疼？别担心，DeepSeek 正翻手为云、覆手为雨，将平凡文字化为璀璨珍珠！本章将为你揭秘 DeepSeek 那些让人拍案叫绝的日常写作技巧，让你的每一次表达都光彩夺目，每一段文字都引人入胜。从此，生活中的写作难题，不过是你展现才华的舞台！准备好接受赞叹的目光了吗？

暖心节日祝福：
不再为写祝福语犯难的实用模板

　　每逢节日，你是不是都要绞尽脑汁想如何写一段不落俗套又暖心的祝福语？无论是发给家人、朋友、同事还是客户，写出得体的话语总是让人犯难。有时你可能会翻来覆去地修改，还要搜索各种范文，最后发出去的祝福却还是觉得不够理想。

　　别担心，有了 DeepSeek，这些烦恼将成为过去！DeepSeek 就像你的私人文案助手，只需简单几步，就能帮你生成各种场合、各种风格的祝福语。无论是文雅庄重还是温馨幽默，无论是简短问候还是长篇祝福，DeepSeek 都能轻松应对。

　　在请求 DeepSeek 帮你写祝福语之前，先想清楚以下几点，会让结果更符合你的期望：

◆送给谁？家人、朋友、恋人、老师、客户等。
◆什么场合？节日、生日、结婚、升学、乔迁等。
◆什么风格？温馨、幽默、正式、文雅等。
◆长度要求？简短还是详细。
◆有什么特殊要求？如包含某些关键词或避免某些表述等。

　　有了这些信息，我们就可以向 DeepSeek 提出明确的请求了。

指令模板： 请帮我写一段 [节日 / 场合] 祝福语，送给 [对象]。风格偏好 [描述你想要的风格]，发送平台 [短信 / 微信 / 邮件等] 合适的长度 [字数]，或其他 [其他特殊要求]。

比如： "请帮我写一段春节祝福语，送给我的大学同学。风格希望温馨有趣，不要太正式，长度适合微信消息，最好能提到我们共同的大学回忆。"

接下来，我们来看看针对不同节日、不同对象的祝福语应该如何向 DeepSeek 发送指令。

1 亲友祝福：温暖家人和朋友的祝福语

（1）春节祝福

春节是中国最重要的传统节日，也是家人团聚的时刻。给家人的祝福通常包含健康、幸福、顺利等美好祝愿。

向 DeepSeek 发送指令： 请帮我写一段春节祝福语，送给我的父母。他们都已退休，喜欢旅游和种花。希望祝福语温馨感人，表达我虽然不能回家过年但很想念他们的心情。长度适合微信消息。

DeepSeek 回答：

> 盎 已深度思考（用时 20 秒） ∨
>
> 亲爱的爸爸妈妈：
> 新春将至，虽不能与你们围炉守岁，但窗外的烟花每亮起一次，都是我在远方对你们的想念。这些年视频里看你们踏遍青山莳弄花草，退休生活比春日的海棠更热闹鲜活，让我既欣慰又骄傲。
>
> 新的一年，愿你们脚步丈量的每一处风景都充满惊喜，小院照料的花草都带着幸福的香气。暂时缺席的团圆饭，我会攒成初夏归家时的拥抱。此刻隔空举杯，敬你们安康常乐，敬我们永远彼此牵挂的灯火。
>
> 女儿/儿子 敬上
> 2025年除夕

（2）生日祝福

生日是每个人的特殊日子，一段走心的生日祝福能让对方感受到你的关心和重视。

向 DeepSeek 发送指令：请帮我写一段生日祝福，送给我的好朋友。她是个活泼开朗的女生，热爱音乐和美食，我们认识十年了。希望祝福语既幽默有趣又显示出深情厚谊，长度不要太长，适合作为生日礼物卡片上的文字。

DeepSeek 回答：

> 🎂 已深度思考（用时17秒）∨
>
> 【给永远吃不胖的饭搭子（假装信了）】
>
> 亲爱的XX同学：
> 祝你从今天起——
> 吉他永远不走音，火锅永远不溅裙，
> K歌稳坐灵魂主唱，探店刷成终身VIP！
>
> 虽然十年过去你长年纪没长厨艺（奶茶煮泡面除外），但感谢你坚持用五音不全的歌声和吃垮自助餐的斗志，承包了我三分之二的笑点。新的一岁，继续做彼此的BGM和饭后甜点吧！
>
> 蛋糕分你最大块的人
> 202X.XX.XX
> _____
>
> 注：若需调整风格或补充细节可随时告知～
>

‹2› 职场祝福：得体又不失人情味的专业祝福

（1）给同事的节日祝福

在职场中，与同事之间互送节日祝福既是礼貌，也能增进同事间的情谊。这类祝福语需要既专业得体又不失真诚温暖。

向 DeepSeek 发送指令：请帮我写一段圣诞节和新年祝福，发给我的工作团队（约10人）。我们是一个营销部门，刚刚完成了一个重要项目。希望祝福语既有对过去一年共同努力的肯定，也有对新一年的美好祝愿。风格要专业但不生硬，有温度但不过于随意。内容适合发在工作群里。

DeepSeek 回答：

> 己深度思考（用时 23 秒） ∨
>
> 【致并肩作战的星辰大海】
>
> 亲爱的营销部伙伴们：
>
> 这个冬天最暖的礼物，是我们共同完成的[XX项目]亮眼答卷。回看这一年——
> 提案改稿的咖啡香、头脑风暴的会议室、每个为deadline冲刺的深夜，都因你们的专业与热忱闪耀成星河。
>
> 愿圣诞的炉火熨平疲惫，新年的钟声叩响惊喜。2025年，愿我们继续以默契为笔，数据为墨，写出更多爆款创意，让每个灵感的火花都「流量长虹」！
>
> 衷心祝愿各位及家人节日安康，万事胜意 🎇
> —— 与有荣焉的同行者
>
> （注：[XX项目]可替换为具体项目名称）
>
> ---
>
> **亮点说明：**
>
> 1. **项目具象化**：用咖啡、会议室等细节唤起共情，避免空泛褒奖
> 2. **行业语言**："流量长虹"等双关词兼顾节日祝福与职业属性
> 3. **温度梯度**：从工作场景自然过渡到生活祝福，结尾表情符号适度增加亲和力
>
> ⓘ 本回答由 AI 生成，仅供参考，不构成任何专业建议。
>
> ⟲ ⊘ ♡ ⬆ ⋯

（2）给客户或合作伙伴的节日祝福

给客户或合作伙伴的祝福需要更加正式和专业，同时表达感谢和对未来合作的期待。

向 DeepSeek 发送指令：请帮我写一段商务新年祝福邮件，发给我公司的重要客户。我们是一家 IT 解决方案提供商，与这位客户已合作三年，今年完成了他们的系统升级项目。希望祝福语既能表达感谢，也能表达继续合作的诚意，风格正式专业但有人情味儿，长度适合邮件正文，标题也请一并提供。

DeepSeek 回答：

邮件标题：

[公司名称]恭祝新年快乐 | 感谢一路同行，期待继续携手

邮件正文：

尊敬的[客户姓名]先生/女士：

新年将至，谨代表[公司名称]全体同仁，向您及贵司致以最诚挚的节日问候！

回首2024年，我们深感荣幸能与贵司携手完成[系统升级项目]这一重要里程碑。贵司团队的远见卓识与专业精神，始终激励我们不断精进技术、优化服务。

展望2025年，我们期待继续以创新的IT解决方案与高效的服务响应，助力贵司在数字化转型的道路上行稳致远。愿新一年的合作如春风化雨，共育硕果！

衷心祝愿您及家人新年快乐，事业蒸蒸日上，万事顺遂！

此致

敬礼

[您的姓名]

[公司名称]

[职位]

[联系方式]

---

3 节日祝福小贴士：用 DeepSeek 让祝福更个性化

使用 DeepSeek 写祝福语时，以下几个技巧可以让祝福更加个性化和温暖。

（1）加入独特细节

在请求中提供一些个人化的细节，比如你与对方的共同记忆、对方的特点或爱好等，这样 DeepSeek 生成的祝福会更有针对性。

指令提示：请帮我写一段生日祝福给我的好友。她喜欢旅行和摄影，我们上个月刚一起去了云南，拍了很多照片。希望祝福语能提到这次旅行的美好回忆，风格轻松愉快。

（2）调整语言风格

根据对方的性格和你们的关系，选择合适的语言风格。如果对方喜欢幽默，可以请求 DeepSeek 写一段有趣的祝福；

如果是长辈，可能更适合尊敬温和的语气。

　　指令提示：请帮我写一段感恩节祝福给我的导师。他是一位严谨又很关心学生的教授，已经指导我三年了。希望祝福语能够表达我的感谢和敬意，语气诚恳但不过于生硬。

（3）结合当下情境

　　结合当前的情境或近期发生的事件，让祝福更加贴近现实和氛围。

　　指令提示：请帮我写一段新年祝福给我的团队成员。我们是一家创业公司，今年经历了不少困难但仍然坚持下来，明年计划开展新项目。希望祝福语既鼓舞士气，又表达对未来的期待。

4 节日祝福实用模板汇总

　　为了让你更方便地使用 DeepSeek 生成各种场合的祝福语，以下是一些实用的提问模板，直接复制修改就能使用。

（1）通用节日祝福模板

　　指令模板：请帮我写一段 [节日名称] 祝福，送给 [对象关系]。[对象的简单描述和特点]。希望祝福语风格 [期望的风格]，长度适合 [使用场合]。[其他特殊要求]。

（2）家人祝福模板

　　指令模板：请帮我写一段给 [家人关系] 的 [节日 / 场合] 祝福。[他 / 她] 今年 [年龄] 岁，[喜好或特点描述]。我们的关系 [关系描述]。希望祝福语能表达 [情感期望]，风格 [期望风格]。

（3）朋友祝福模板

　　指令模板：请帮我写一段给好朋友的 [节日 / 场合] 祝

福。我们认识 [时间] 年了，[共同经历简述]。[朋友的特点或近况]。希望祝福语既有 [情感期望]，也有 [其他期望]，风格 [期望风格]。

（4）职场祝福模板

指令模板： 请帮我写一段给 [同事 / 上级 / 客户] 的 [节日 / 场合] 祝福。我们的工作关系是 [关系描述]，[对方的职位或工作特点]。希望祝福语专业得体但不失温度，能表达 [情感或期望]。适合 [使用场合]。

（5）特殊场合祝福模板

指令模板： 请帮我写一段 [如结婚 / 生子 / 升职 / 搬家等] 祝福，送给 [对象关系]。[背景情况简述]。希望祝福语能 [情感或内容期望]，风格 [期望风格]，长度适合 [使用场合]。

有了 DeepSeek 这个贴心助手，你再也不用为写祝福语而犯愁。只需提供必要的信息，指明你想要的风格和内容方向，DeepSeek 就能为你生成温暖走心的祝福语。无论是亲情浓浓的家庭祝福，还是专业得体的职场问候，抑或是充满真挚情感的特殊场合祝福，DeepSeek 都能满足你的需求。

高效演讲稿：
从婚礼到工作，各类演讲稿的写作技巧

你是否有过这样的经历：被告知需要在朋友婚礼上致辞，或者被老板点名在公司年会上发言，突然间，你的心跳加速，

手心冒汗，脑海里一片空白——"我该说什么？怎么说才不会尴尬？"

写演讲稿的时候，找不到合适的开场白，不知如何组织内容，抑或是担心自己的表达不够专业、有趣或感人……这些烦恼都很常见。但别担心，有了 DeepSeek 这个强大的 AI 工具，创作各种场合的演讲稿变得轻而易举！

1 好的演讲稿需要什么？

在开始使用 DeepSeek 之前，先来了解一下好的演讲稿的基本要素。这些知识将帮助你更好地向 DeepSeek 描述你的需求。

（1）清晰的结构

几乎所有成功的演讲都有三个基本部分：

◆开场：吸引听众注意力，简要介绍将要讲的内容。

◆主题：详细展开你的观点、故事或信息。

◆结尾：总结要点，留下深刻印象或号召行动。

（2）适合的语调和风格

根据场合的不同，演讲的语调和风格也会有很大差异：

◆婚礼致辞通常温馨感人，可能带有幽默元素。

◆工作汇报则需要专业、简洁、有条理。

◆毕业演讲可能激励人心，充满希望和建议。

（3）与听众的连接

好的演讲稿会考虑听众是谁，他们关心什么，如何与他们建立共鸣。比如：

◆ 对老年听众，可能需要更多生活智慧和经验分享。

◆ 对专业人士，则需要更多行业相关的见解和数据。

◆ 对朋友聚会，则是共同回忆和轻松话题。

了解这些基本要素后，让我们看看如何利用 DeepSeek 来创作不同场合的演讲稿！

2 如何用 DeepSeek 写演讲稿

使用 DeepSeek 创作演讲稿非常简单，关键在于提供足够详细的信息。以下是一个基本的指令模板。

指令模板：

请帮我写一篇 [场合] 的演讲稿。

演讲对象是 [听众描述]。

演讲时间大约 [时长] 分钟。

我想表达的主要内容 / 目的是 [内容描述]。

希望语调 [语调描述：正式 / 轻松 / 幽默 / 感人等]。

[其他特殊要求]。

提供的信息越详细，DeepSeek 给你的演讲稿就越符合你的需求。

接下来，我们来看一些具体场合的演讲稿创作方法。

（1）婚礼致辞：温情与幽默的完美结合

婚礼致辞是常见的演讲场合之一，无论你是新郎的好友、新娘的姐妹，还是父母长辈，一段真挚的致辞都能为这个特别的日子增添感动。

指令提示：请帮我写一篇婚礼致辞，我是新郎的大学好友。我们认识 10 年，一起度过了大学 4 年和工作初期的艰难时光。新郎叫小明，性格开朗，喜欢运动，新娘叫小红，温柔体贴，是小明工作单位的同事。他们相识 2 年，交往 1 年后决定结婚。演讲时间 3－5 分钟，希望既有对两人美好爱情的祝福，也能回忆我们的友谊，风格温馨但也有一些幽默元素，避免过于煽情。

这个请求包含了：

◆场合（婚礼致辞）。
◆你的身份（新郎的大学好友）。
◆与新人的关系（认识 10 年的好友）。
◆新人的基本信息（性格特点、相识经过）。
◆时长要求（3－5 分钟）。
◆内容期望（回忆友谊、祝福爱情）。
◆风格要求（温馨带幽默，不过于煽情）。

DeepSeek 会根据你提供的信息，创作出一篇个性化的婚礼致辞。

这篇致辞融合了友情回忆、幽默元素和真挚祝福，既体现了与新郎的深厚友谊，也表达了对新人的美好祝愿，语调温馨而不过于煽情。

各位亲朋好友，大家好！

我是小明的好友，今天非常荣幸能够站在这里，作为他的大学同学和多年好友，见证他和小红这一对璧人步入婚姻的殿堂。首先，我要代表所有的朋友，向这对新人送上最真挚的祝福，愿你们的爱情像今天的阳光一样灿烂，像今天的笑容一样温暖，像今天的誓言一样永恒。

我和小明认识已经整整 10 年了。10 年，听起来好像很长，但回想起我们的大学生活，仿佛就在昨天。我们一起上课、一起打球、一起熬夜赶作业，甚至一起经历了工作初期的迷茫和艰难。可以说，小明不仅是我大学四年的室友，更是我人生中最重要的朋友之一。他性格开朗，喜欢运动，尤其是篮球，每次打球时他总是充满激情，仿佛永远不知疲倦。而今天，他终于找到了他人生中最重要的"队友"——小红。

说到小红，她温柔体贴，是小明工作单位的同事。他们相识2年，交往1年，最终决定携手走进婚姻的殿堂。小红不仅让小明的生活更加完整，也让我们这些朋友看到了他更加成熟和稳重的一面。小明以前总是大大咧咧的，但自从有了小红，他变得更有责任感，更懂得照顾人。可以说，小红不仅是小明的爱人，更是他人生中的"教练"，教会了他如何更好地生活。

回想起我们大学时的日子，小明总是那个最活跃、最搞笑的人。记得有一次，我们一起去爬山，小明信誓旦旦地说自己体力超群，结果爬到一半就累得不行，最后是我们几个人轮流把他"拖"上山顶的。今天，看到他和小红站在一起，我突然觉得，小明终于找到了那个愿意陪他一起爬山、一起面对人生高峰和低谷的人。小红，谢谢你，愿意陪他走完这一生的"山路"。

当然，婚姻不仅仅是浪漫和甜蜜，它也需要包容和理解。小明，作为你的好友，我想提醒你，婚姻就像一场马拉松，不是短跑，需要的是持久的耐心和坚持。你要学会在小红累的时候给她一个拥抱，在她需要的时候给她支持。而小红，我也相信你会继续用你的温柔和体贴，陪伴小明走过人生的每一个阶段。

最后，我想用一句话来结束我的致辞：婚姻就像一场双人舞，只有两个人默契配合，才能跳出最美的舞步。小明和小红，愿你们的婚姻生活充满欢笑、理解和爱，愿你们在未来的日子里，携手共进，舞出属于你们的精彩人生！

谢谢大家！

（2）工作演讲：专业且有说服力

工作场合的演讲，无论是项目汇报、团队激励还是行业分享，都需要专业、有条理且具有说服力。DeepSeek 可以帮你理清思路，创作出高质量的工作演讲稿。

指令提示：请帮我写一篇季度销售总结的演讲稿。听众是公司全体销售团队（约 30 人）和管理层。演讲时间约 10 分钟。我是销售部经理，需要总结过去一个季度的销售业绩（达成率 95%，比上季度提升 15%），分析成功因素（新产品线受欢迎、团队培训效果好），指出存在问题（个别区域表现不佳、客户服务有投诉），并布置下季度目标和改进计划。语调要专业且自信，既肯定成绩又直面问题，能够激励团队。希望有数据支持，但不要过于枯燥。

这个请求包含了：

◆场合（季度销售总结）。

◆听众（销售团队和管理层）。

◆你的身份（销售部经理）。

◆具体内容要点（业绩、因素、问题、计划）。

◆风格要求（专业自信，激励人心）。

◆其他要求（包含数据但不枯燥）。

　　DeepSeek 会根据你的需求，创作一篇结构清晰、内容充实的工作演讲稿。

🐋 已深度思考（用时 27 秒）∨

以下是一篇符合您需求的季度销售总结演讲稿框架，结合了专业性与激励性，您可根据实际情况调整细节：

凝心聚力再攀高峰——2023年第三季度销售总结暨第四季度动员

（开场：目光环视全场，微笑致意）

各位并肩作战的伙伴们、尊敬的领导：

大家上午好！今天，我怀着自豪与期待的心情，向大家汇报第三季度销售工作成果。这份95%的达成率成绩单（手势指向屏幕图表），是30位战士用汗水浇灌出的勋章！让我们先为自己献上一次掌声！（带头鼓掌，制造互动氛围）

一、逆势突围：用数据见证成长

（屏幕显示动态增长曲线）

- **核心战绩**：目标达成率95%，环比增长15%，超行业平均增速8个百分点
- **区域亮点**：华东区以112%达成率蝉联冠军，华北区新客户开发量同比增长40%
- **产品矩阵**：新推出的智能安防系列贡献35%销售额，客户复购率提升至68%
  （插入产品应用场景图片）就像上周拜访的万科项目，客户说"你们的AI预警系统，让工地安全管理真正有了智慧大脑"，这正是我们产品价值的生动注脚！

二、解码成功：三个关键致胜点

（切换至团队工作照片墙）

1. **产品创新精准破局**
   研发部与我们紧密配合，针对建筑行业痛点打造的模块化解决方案，使成交周期缩短20天。特别感谢王工团队凌晨2点还在为客户调试系统！

2. **铁军锻造成效显著**
   实施"战狼计划"以来，新人成单周期从45天压缩至28天。还记得小李第一次独立签单时手抖的样子吗？（引发笑声）现在他已是西北区的"攻坚能手"！

3. **客户深耕战略生效**
   推行"钻石客户"分级服务体系，TOP20客户贡献度提升至55%，这正是我们坚持"把客户做成伙伴"战略的成果。

三、直面挑战：问题即改进空间

（语气转为严肃，屏幕显示雷达图）

- **区域均衡性**：西南区达成率78%，低于均值17个百分点
- **服务体验**：收到23起安装响应时效投诉，主要集中在新品线
  （转为坚定语气）但值得欣慰的是，西南区张经理已带队驻点调研，服务部也推出了"2小时应急响应机制"。问题不可怕，可怕的是看不见问题！

这篇演讲稿结构清晰，数据具体，既肯定了成绩，又直面问题，并提出了明确的改进计划，语调专业而鼓舞人心。

（3）庆典致辞：生日、周年、毕业等场合

庆典致辞通常更加个人化和感性，无论是孩子的生日派对，还是父母的结婚纪念日，抑或是自己的毕业典礼，这类演讲都需要真情实感。

指令提示： 请帮我写一篇在父母结婚 30 周年庆典上的致辞。我是他们的女儿，今年 25 岁。父亲是一位退休教师，母亲是一名护士，他们白手起家，含辛茹苦地把我和弟弟抚养长大，现在我们都已工作。庆典上约有 50 人，主要是亲友。演讲时间 5 分钟左右。我想表达对父母养育之恩的感谢，回忆一些温馨的家庭时刻，也想让父母感到骄傲。语调温情感人但不过分煽情，可以有一些幽默元素。希望能让父母和所有来宾感动。

这个请求包含了：

◆场合（父母结婚 30 周年纪念日）。

◆你的身份（女儿）。

◆父母的基本信息（职业、家庭故事）。

◆听众（约 50 人的亲友）。

◆内容期望（感谢、回忆、让父母骄傲）。

◆风格要求（温情、适度幽默）。

DeepSeek 会创作一篇充满感情、个性化的庆典致辞。

> 🔵 已深度思考（用时 24 秒） ⌄
>
> 以下是为您量身打造的结婚30周年庆典致辞，包含温馨回忆、幽默元素与情感表达：
>
> ――――――――――――――――――――――
>
> **父母珍珠婚致辞**
> **——掌心里的光，岁月里的暖**
>
> 尊敬的各位长辈、亲友们：
>
> 大家中午好！我是今天最幸运的女儿，能站在这里见证爸爸妈妈携手走过的10950个日夜。30年前，一位口袋里揣着粉笔灰的年轻教师，遇见了总把护士服叠得一丝不苟的姑娘，于是就有了今天这串比珍珠更温润的时光。（向父母眨眼）虽然据王阿姨透露，当年妈妈是被爸爸用三十封打油诗骗到手的。
>
> 作为教师子女，我和弟弟从小就掌握了"开小灶"的专属福利。记得初中物理竞赛前夜，爸爸在饭桌上用筷子给我演示杠杆原理，结果妈妈端着刚炒好的糖醋排骨在旁幽幽叹气："这位老师，您再讲下去，女儿的三等奖就要变成糊出来的了。"（台下亲友笑）而妈妈总能把家里变成临时护理站，小时候每次发烧，她下夜班回来冰凉的听诊器往我心口一贴，听着听着我就安心睡着了。
>
> 这些年我们家的餐桌堪称微型联合国——爸爸批改的作文、妈妈的排班表、我的考研资料、弟弟的篮球赛门票，在四菜一汤上全和平共处。去年搬家时，我在旧书柜里发现个铁盒，里面装着爸爸当年给妈妈写的泛黄信笺，开头永远工整地写着"亲爱的白衣姑娘"，而妈妈在空白处用红笔批注："错别字扣5分"。（转向父母）原来这就是传说中的"教改结合"啊！

这篇致辞融合了温情回忆、感人故事和真挚感谢，既表达了对父母的爱，也分享了家庭的温暖时刻，情感丰富但不过分煽情。

3 ▶ 演讲稿创作技巧：让 DeepSeek 为你量身定制

要获得最理想的演讲稿，除了提供基本信息外，以下技巧可以帮助你通过 DeepSeek 获得更个性化、更高质量的内容。

（1）提供具体细节和真实故事

真实的细节和故事能让演讲更有说服力和感染力。向 DeepSeek 提供一些真实的事件、对话或感受，它可以将这些元素融入演讲稿中。

比如，不只是说"我们是好朋友"，而是提供具体的回忆："我们大学时一起熬夜复习，一起旅行去过三个国家，他曾在我失恋时陪我喝酒到天亮。"

（2）明确演讲的目的和期望效果

每篇演讲都有其目的，可能是感动、说服、激励或教育。

明确告诉 DeepSeek 你希望听众听完演讲后有什么感受或行动。

比如，"我希望这篇毕业致辞能让学生们对未来充满信心，也能感谢学校的培养，最后希望他们记住要保持联系，支持校友会。"

（3）考虑听众的特点和期望

不同的听众群体有不同的背景、知识水平和期望。告诉 DeepSeek 关于你的听众的信息，有助于创作更适合他们的内容。

比如，"听众主要是 35—50 岁的企业中层管理人员，他们对数字营销有基本了解，但缺乏实践经验，他们希望听到具体可行的策略而非理论。"

（4）调整和修改初稿

DeepSeek 生成的第一版内容可能不是完美的。但别担心，你可以要求它进行修改或调整特定部分。

比如，"开场部分很好，但结尾有点平淡，能否改得更有力量感，加入一个号召行动的部分？"或"整体不错，但感觉太正式了，希望能增加一些幽默元素，特别是在介绍公司历史的部分。"

有了 DeepSeek 这位 24 小时待命的演讲稿专家，你再也不用为各种场合的发言而烦恼。从温情的婚礼致辞到专业的工作汇报，从感人的庆典演讲到鼓舞人心的毕业致辞，只要提供足够多的信息和明确的需求，DeepSeek 就能为你创作出一篇精彩的演讲稿！

聚会策划全攻略：
从邀请到流程，一站式聚会筹备指南

还记得上次筹备聚会的手忙脚乱吗？邀请谁来参加、准备什么食物、安排什么活动、如何布置场地……这一连串的问题足以让人望而却步。无论是朋友生日聚会、家庭团圆派对，还是公司年会，策划一场成功的聚会确实需要考虑很多细节。

别担心！有了 DeepSeek 这个超级助手，聚会策划将变得轻松愉快。从创意邀请函到活动流程安排，从美食菜单到游戏设计，DeepSeek 都能为你提供个性化的建议和方案，让你的聚会既省心又出彩！

在开始使用 DeepSeek 撰写策划案之前，先来了解一下聚会策划的基本步骤，这将帮助你更清晰地向 DeepSeek 提出需求：

◆确定聚会的主题和目的。

◆制定预算和人数规模。

◆选择日期和地点。

◆设计和发送邀请函。

◆规划菜单和饮品。

◆策划活动和游戏。

◆准备装饰和氛围营造。

◆制定详细流程表。

◆制定意外情况应对方案。

看起来步骤不少，但别担心，有 DeepSeek 的帮助，这些工作将变得轻松而有趣。

1 如何用 DeepSeek 写聚会策划方案

使用 DeepSeek 写策划聚会时，提供足够多的细节信息至关重要。以下是一个基本的指令模板。

指令模板： 请帮我策划一场 [聚会类型] 聚会。

聚会目的是 [目的描述]。

参加人数约 [人数] 人，主要是 [参与者描述，如年龄段、关系等]。

预算大约 [金额] 元。

地点在 [场地描述]。

日期是 [日期]，时间约 [时长] 小时。

我希望聚会风格 [风格描述：正式 / 轻松 / 创意等]。

[其他特殊要求或限制]。

当然，你不需要一次性提供所有信息。可以先提出基本需求，然后根据 DeepSeek 的回应进一步细化你的请求。接下来，我们来看一些具体聚会类型的策划方法。

（1）生日派对：让寿星感到特别的庆祝方案

生日派对是常见的聚会类型之一，无论是孩子、朋友还是家人的生日聚会，都需要精心安排才能让寿星感到特别和被爱。

指令提示： 请帮我策划一场生日派对。这是为我女儿的 10 岁生日准备的，她喜欢动物和绘画。预计邀请她的 8 – 10

位同学，地点在我们家的后院和客厅。预算在 1 000 元左右，派对时间 3—4 小时，定在周六下午。希望活动既有趣又有教育意义，能让孩子们玩得开心，同时学到东西。需要帮我提供适合这个年龄段的游戏、食物和装饰的建议。

这个请求包含了：

◆聚会类型（生日派对）。

◆主角信息（10 岁女孩，喜欢动物和绘画）。

◆规模和参与者（8—10 位同龄同学）。

◆预算（1 000 元）和地点（家庭后院和客厅）。

◆时间（周六下午，3—4 小时）。

◆期望（有趣且有教育意义）。

◆需要帮助的方面（游戏、食物、装饰）。

DeepSeek 会根据你的需求，创建一份详细的生日派对策划方案。

> 🧠 已深度思考（用时 27 秒） ∨
>
> 以下是专为您女儿设计的10岁生日派对方案，融合动物主题与绘画艺术，兼顾趣味性与教育意义，预算控制在1000元以内：
>
> 🌿【主题设计】"丛林小画家探险日"
> 后院布置成热带丛林，客厅改造为艺术工作室，用绘画元素串联全程
>
> 🎨【装饰方案】（预算约300元）
>
> • 入口区：DIY动物脚印地贴（用海绵蘸颜料印制）＋童趣画架迎宾牌
> • 后院：悬挂手绘动物纸灯笼（可提前和孩子一起制作）、绿叶藤蔓＋仿真花卉
> • 客厅：长桌铺白纸当画布，摆放大象/长颈鹿造型笔筒作为餐具架
> • 互动墙：空白画卷供集体创作（结束后裁成小份作纪念）
>
> 🖌️【活动流程】（总时长3.5小时）
> 14:00-14:30 签到创作
>
> • 动物面具DIY（白胚面具＋环保颜料）
> • 拍摄"我的动物朋友"创意照（设置绿幕背景，后期合成丛林效果）
>
> 14:30-15:15 知识探险
>
> 1. 动物宾果游戏（卡片印濒危动物，听叫声/特征标记）
> 2. 盲摸猜动物（毛绒玩具装在盲盒，摸特征＋说保护意义）

这份详细方案涵盖了派对的各个方面，既考虑到了孩子的兴趣（动物和绘画），又设计了有教育意义的活动，同时确保食物和装饰都符合主题，预算也在 1 000 元范围内。

（2）朋友聚会：轻松欢乐的成人派对策划

相比儿童派对，成人朋友间的聚会更注重交流、美食和轻松的氛围。无论是普通周末聚会还是特别庆祝，DeepSeek 都能提供合适的方案。

指令提示：请帮我策划一场朋友聚会。这是一个"久别重逢"主题的聚会，参加者是 6 位大学好友，我们已经有 3 年没有全员聚首了。地点在我家的公寓（两室一厅，约 80 平方米），预算 1 500 元左右。聚会时间是周五晚上，从 18:00 开始，可能会聊到很晚。我们都喜欢美食、桌游和怀旧话题。希望聚会氛围温馨也有趣，能让大家重温大学时光，也分享近况。需要为我们提供关于合适的食物、饮料、活动和氛围营造的建议。

这个请求包含了：

◆聚会类型和主题（朋友"久别重逢"聚会）。

◆参与者（6 位久未见面的大学好友）。

◆地点（80 平方米的公寓）和预算（1500 元）。

◆时间（周五晚上，时间不限）。

◆共同兴趣（美食、桌游、怀旧话题）。

◆期望氛围（温馨有趣，重温过去，分享现在）。

DeepSeek 根据这些请求，提供了一份详细的朋友聚会方案。

> 🔲 已深度思考（用时 36 秒）∨
>
> 根据您的需求，我为您设计了一份兼顾温馨回忆与欢乐互动的聚会方案，预算控制在1500元内，以下是详细规划：
>
> 🎊【预算分配】
> 食物饮品 800元 | 氛围布置 300元 | 活动道具 200元 | 备用金 200元
>
> 🏠【空间布置】
> 1. 怀旧照片墙（预算50元）
> - 提前收集6人大学合影冲洗（15元/50张）
> - 在客厅用麻绳+木夹打造时光长廊
> - 设置空白卡片供留言回忆
>
> 2. 沉浸式灯光（预算80元）
> - 暖黄串灯绕窗帘/书架
> - 茶几摆放星空投影灯（可循环利用）
> - 准备10个电子蜡烛营造温馨感
>
> 3. 情景还原区（预算120元）
> - 阳台布置成"宿舍夜谈角"：铺泡沫垫+懒人沙发
> - 餐桌改造成"食堂窗口"：挂手写菜单黑板

这个聚会方案既照顾到了老友重聚的温情氛围，又融入了足够的活动和交流机会，让大家既能重温过去，也能分享现在的生活。预算分配也比较合理，重点放在了美食和活动上。

（3）家庭聚会：拉近亲情距离的团圆方案

家庭聚会，无论是节日团圆还是普通家庭日，都是维系亲情的重要方式。跨越代际的家庭聚会需要特别考虑不同年龄段的需求和兴趣。

指令提示： 请帮我策划一场家庭团圆聚会。参加者包括我的父母（均60多岁）、我和配偶、姐姐家3人（有两个孩子，10岁和7岁）以及弟弟和他的女友，总共9人。这是为了庆祝父母的40周年结婚纪念日。地点在我家（带花园的独栋房子），预算2 000元左右。时间从周日中午开始。希望聚会既有纪念意义，又能让所有家庭成员，特别是不同年龄段的人都能参与并享受。需要建议适合全家人的活动、特别的纪念方式、餐饮安排和可能的惊喜元素。

这样详细的请求会让 DeepSeek 生成一份全面的家庭聚会方案，包括适合不同年龄段的活动、有纪念意义的环节、餐饮安排和温馨的惊喜。

聚 已深度思考（用时 49 秒）

以下是为您策划的温馨家庭聚会方案，兼顾纪念性、趣味性和各年龄段需求，预算控制在2000元内：

【时间流程】
11:30-12:00 迎宾时光
12:00-13:30 午餐聚会
14:00-15:30 家庭运动会
16:00-17:00 纪念仪式
17:30-19:00 晚餐+惊喜时刻
19:30-20:30 星空夜话

【分区布置建议】
1. 花园入口：悬挂"40周年纪念"主题横幅+父母婚纱老照片放大展板
2. 草坪区：搭建白色帐篷（可用租赁或自家遮阳伞）+野餐垫游戏区
3. 照片回忆角：拉绳悬挂历年全家福+子女成长照片
4. 餐饮区：长条桌铺米色桌布+40数字造型气球（金色/红色）

【特色活动设计】
一、跨代互动游戏（预算200元）

1. 家庭奥林匹克（草坪区）

· 祖孙组队投壶赛（自制竹筒箭矢）
· 亲子蒙眼贴爱心（父母指挥孩子贴）
· 家庭套圈大赛（套父母准备的童年零食）

❬2❭ 聚会筹备的关键技巧：让 DeepSeek 成为你的策划助手

无论策划什么类型的聚会，以下技巧都可以帮助你更好地利用 DeepSeek。

（1）分步请求更有效

聚会策划包含多个方面，你可以分步向 DeepSeek 请求帮助，而不是一次性解决所有问题。比如，先确定主题和整体安排，然后再单独深入讨论菜单、活动或装饰细节。

指令提示： 我已经确定了聚会的基本方案，现在需要详细的菜单建议。预算是 600 元，需要考虑有两位素食者，一位对海鲜过敏，以及两个孩子。希望菜单丰富多样但准备不要太复杂。

（2）提供关键限制条件

向 DeepSeek 清楚说明任何限制条件，如预算限制、场地限制、时间限制或特殊需求（如饮食限制、行动不便的客人等），这样生成的方案才更实用。

（3）寻求创意和替代方案

如果你对某些方面没有明确想法，可以请 DeepSeek 提供多个创意选项。

指令提示：请给我提供 3 个不同风格的生日派对主题创意，适合一个喜欢音乐和户外活动的 16 岁男孩。每个主题包括简要说明、装饰建议和 2－3 个核心活动。

（4）结合自己的经验调整方案

DeepSeek 提供的是建议，最终决定权在你手中。根据自己对参与者的了解和个人偏好，调整方案细节。

指令提示：这个活动方案很好，但我知道我姐姐不太喜欢竞争性的游戏，能否将其中的比赛环节调整为协作性更强的活动？

《3》 聚会当天：流程管理和意外应对

除了前期策划，聚会当天的流程管理也很重要。你可以请 DeepSeek 帮助：

（1）创建详细的时间表和检查清单

指令提示：请根据之前讨论的聚会方案，为我制作一个详细的时间表，从准备开始到聚会结束，包括每个环节的大致时间安排。同时，请提供一个准备物品的完整清单，按类别整理（如装饰物品、食材、活动用品等）。

（2）准备应急方案

指令提示：请为我的户外烧烤派对提供一些可能出现的意外情况（如突然下雨、烧烤设备出现故障等）的应急方案。

成功的聚会不在于多么豪华或完美，而在于创造美好回忆和加深人际联系。有了 DeepSeek 的帮助，你可以减少筹备的压力，将更多精力放在真正重要的事情上——与亲友共度美好时光！下次当你面临聚会策划任务时，不妨先问问 DeepSeek："嘿，能帮我策划一场聚会吗？"你会惊讶于它能为你提供多么全面而实用的建议！

实用旅行计划：
省时省力的旅行攻略制作方法

还记得上次计划旅行时的情景吗？浏览数十个网站比较机票价格，翻阅无数攻略寻找值得一去的景点，查看各种酒店评价挑选合适住宿地，再加上规划每天的行程安排……这些烦琐的准备工作往往会占用你大量时间和精力，有时甚至比旅行本身还要累人！

别担心，有了 DeepSeek，旅行计划将变得轻松又高效。从目的地选择到详细行程安排，从预算控制到特色体验推荐，DeepSeek 能为你提供一站式旅行规划服务，让你省时省力又省心！

在开始使用 DeepSeek 之前，先来了解一下一份完整的旅行计划通常包含哪些要素吧！这将帮助你更有针对性地向 DeepSeek 发出指令：

◆目的地选择：去哪里，什么季节去最合适。

◆行程时长：几天几夜，松紧安排如何拿捏。

◆交通方案：如何到达目的地以及当地交通安排。

◆住宿选择：考虑位置、舒适度和预算的平衡。

◆景点安排：必去景点、小众特色项目和时间分配。

◆美食体验：当地特色餐厅和美食推荐。

◆活动规划：购物、文化体验、户外活动等。

◆预算控制：总预算以及各项花销估算。

◆注意事项：气候、语言、风俗禁忌、安全提示等。

了解了这些基本要素，你就能更清晰地告诉 DeepSeek 你的需求，获得更符合你期望的旅行计划。

1　如何用 DeepSeek 写旅行规划

使用 DeepSeek 制订旅行计划非常简单，关键是提供足够详细的信息。以下是一个基本的请求模板。

指令模板： 请帮我规划一次 [目的地] 的旅行。

行程时间大约 [天数] 天。

旅行人数是 [人数] 人，包括 [旅伴关系描述，如夫妻二人、老人和孩子等]。

我们对[兴趣点,如历史、美食、户外活动等]特别感兴趣。

预算大约 [金额] 元（含 / 不含交通）。

旅行时间是 [季节或具体月份]。

希望行程 [紧凑 / 轻松]，每天游览 [多少] 个景点为宜。

[其他特殊要求或限制]。

当然，你不需要一次性提供所有信息。可以先提出基本需求，然后根据 DeepSeek 的回应进一步细化自己的请求。接下来，我们来看 DeepSeek 如何帮你规划不同类型的旅行。

（1）短期城市游：周末慢享小众风情

周末短途旅行是现代人缓解工作压力的常见方式，但短途旅行更需要精心规划，确保既不会太过匆忙，又能体验当地特色。

指令提示：请帮我规划一次杭州的周末旅行。行程时间是周六早上到周日晚上，共两天。我和女友两人出行，我们对历史文化和美食特别感兴趣，但不太想去人很多的热门景点。预算是 2 000 元（不含去杭州的交通费），希望行程比较轻松，能真正体验当地生活。旅行时间是金秋十月，我们住宿希望在西湖附近。请推荐一些小众但有特色，体验感好的地方。

这个请求包含了：

◆目的地（杭州）和时长（周末两天）。

◆旅行人数和关系（情侣二人）。

◆兴趣偏好（历史文化、美食，偏好小众地方）。

◆预算（2 000 元不含往返交通）。

◆旅行时间（10 月）和行程节奏（轻松）。

◆住宿偏好（西湖附近）。

DeepSeek 会根据你的需求，创建一份详细的周末旅行计划。

┌─────────────────────────────────────┐
│ ⟲ 已搜索到 50 个网页 ›   │
└─────────────────────────────────────┘

┌─────────────────────────────────────┐
│ ⊛ 已深度思考（用时 43 秒） ⌄   │
└─────────────────────────────────────┘

杭州金秋周末小众旅行规划（2 天 1 夜）

预算：2000 元以内（含住宿、餐饮、交通、体验）

关键词：**历史文化、美食、避开人流、西湖周边、轻松体验**

───────────────────────────────────────

Day 1 周六：茶香古韵与山林秘境

上午：九溪烟树徒步 & 龙井村茶文化体验

- **九溪烟树**
  避开西湖核心区，漫步九溪十八涧的林荫小道，感受金秋的层林尽染。溪水潺潺，茶田环绕，人少景幽，适合拍照和轻徒步（免费）② ⑨。

- **龙井村私房菜午餐**
  推荐龙井村内的农家菜馆，品尝地道龙井虾仁、茶香鸡、荠菜马蹄。人均约 80 元，推荐餐厅：龙坞餐厅（黄老板同款）⑥。

下午：中国茶叶博物馆（双峰馆区）

小众博物馆，以茶文化为主题，展示制茶工艺和历史。馆区隐于茶园中，可免费参观，还可预约茶艺体验（约 50 元/人）⑨。

傍晚：杨梅岭村散步 & 品茶

这份周末旅行计划既包含了杭州的特色体验（西湖、龙井茶文化），又避开了人流密集的热门景点，安排了一些小众但有文化底蕴的去处。同时，行程节奏轻松，有充足的时间慢慢品味杭州的历史文化和美食，非常适合情侣周末出游。

（2）家庭长假游：全家欢乐的亲子之旅

带着孩子和老人旅行需要特别考虑行程的舒适度和不同年龄段的活动安排。DeepSeek 可以帮你平衡各方需求，设计一个全家人都能享受的完美假期。

指令提示：请帮我规划一次三亚的家庭旅行。行程时间是 7 天 6 晚，我们一家五口出行，包括我和妻子（30 多岁），一个 5 岁的孩子，以及 60 多岁的父母。我们想既能享受海滩度假，又能体验一些当地文化和美食。预算是 15 000 元（不含机票），希望行程轻松舒适，适合老人和孩子。旅行时间是明年 2 月春节假期。住宿希望有亲子设施，也方便老人休息。请特别推荐一些适合孩子玩耍和老人休息的地方。

这个请求详细说明了家庭成员构成（三代同堂）、特殊需求（适合老人和孩子）、预算和旅行时长等关键信息，DeepSeek 能据此提供一份平衡各方需求的全面计划。

（3）深度文化游：探索当地风情与历史

对于那些想要深入了解一个地方的历史文化、风土人情的旅行者，DeepSeek 可以帮你规划一条远离常规旅游路线的深度文化之旅。

指令提示：请帮我规划一次云南丽江和周边的文化深度游。行程时间是 10 天，我一个人出行。我对少数民族文化、古建筑和自然风光特别感兴趣。我喜欢摄影，也想体验当地人的生活方式，不只是走马观花。我的预算是 8 000 元（不含往返机票），希望能住在有特色的客栈或民宿。旅行时间是 4 月。请推荐一些鲜为人知但有文化底蕴的地方，以及找到可以与当地人交流的方式。

这个请求强调了文化体验、深度体验和摄影需求，并表明了独自旅行的灵活性，DeepSeek 会据此设计一条融入当地生活、避开旅游团的深度文化路线。

> ◎ 已搜索到 50 个网页 >
>
> ▩ 已深度思考（用时 25 秒） ∨
>
> 以下是为您量身定制的云南丽江及周边 10 日文化深度游方案，结合少数民族文化、古建筑、自然风光与在地生活体验，融入摄影机会与人文交流，预算控制在 8000 元以内（住宿选择特色民宿，交通以公共交通+拼车为主）：
>
> **行程亮点**
>
> · **小众文化地**：避开大众景点，挖掘纳西族、摩梭族、白族等原生态聚落。
> · **在地体验**：参与手工艺制作、农耕活动、节庆仪式，与当地人深度互动。
> · **摄影友好**：清晨与傍晚光线最佳时段安排拍摄，捕捉古城、雪山、湖泊的静谧与人文风情。
> · **住宿特色**：精选纳西庭院民宿、湖景客栈、百年老宅改造的旅舍。

2 旅行前的最后准备

除了行程规划，旅行前还有许多细节需要准备。DeepSeek 也能在这些方面提供帮助。

（1）制作行李清单

指令提示：请根据我 7 月去日本大阪和京都 7 天的旅行，制作一份详细的行李清单，包括必备物品、季节性衣物、电子设备和证件等，并标注优先级。

（2）获取旅行小知识

指令提示：请提供去澳大利亚悉尼旅行的十个实用小知识，包括当地礼仪、省钱技巧、交通使用和安全注意事项等。

（3）应急预案准备

指令提示：请列出在国外旅行可能遇到的 10 种紧急情况（如丢失护照、生病、遇到罢工等）及其应对方法和紧急联系方式。

有了 DeepSeek，从旅行构思到细节规划，从出发准备到途中应变，你都能获得专业而贴心的建议。无论是短途周末游还是长假深度游，无论是独自探索还是全家出动，

DeepSeek 都能根据你的具体需求，提供个性化的旅行规划。借助 DeepSeek 的帮助，你可以省去烦琐的查询与比较时间，更好地享受旅行的过程！

吸引人的社交内容：
提高点赞和互动的朋友圈写作技巧

还记得上次发朋友圈时的尴尬情景吗？精心拍了十几张照片，反复挑选修图，想了半天文案，终于鼓起勇气发出去——然后，寥寥几个点赞，大多还是亲妈和闺蜜的"意思意思"。明明生活这么精彩，为什么展示出来就变得如此平淡无奇？

别担心，这不是你的生活不够精彩，而是你的朋友圈文案功力还有待提升！现在，有了 DeepSeek 这个超强写作助手，从此告别乏味无趣的社交内容，让你的朋友圈焕发新生，成为朋友圈里的"顶流博主"不是梦！

1 朋友圈爆款内容的秘密配方

在求助 DeepSeek 之前，我们先来了解一下什么样的朋友圈内容最容易获得高互动。掌握这些原则，再结合 DeepSeek 的强大能力，你的朋友圈将无人能敌！

（1）共鸣是第一生产力

那些让人忍不住点赞的朋友圈，往往能引起强烈共鸣。比如"下班路上被大雨淋成落汤鸡，结果还堵车一小时"，这种人人都可能遇到的倒霉事，反而更容易获得共情和互动。

（2）幽默是社交货币

幽默是跨越年龄、职业和阶层的通用语言。一个妙趣横生的表达，能让沉闷的内容瞬间活起来。但注意，好的幽默是有温度的调侃，而不是尖酸刻薄的嘲讽。

（3）真实胜过完美

过度修饰的"人设"反而容易让人产生距离感。恰到好处地分享一些生活中的失误、尴尬时刻，反而会让你的形象更加立体和真实，拉近与好友的距离。

了解这些原则后，让我们看看如何运用 DeepSeek 来创作不同类型的高互动朋友圈内容！

2 如何用 DeepSeek 写朋友圈文案

使用 DeepSeek 创作朋友圈内容非常简单，关键是提供足够多的背景信息和明确的风格要求。以下是一个基本的请求模板。

指令模板：

请帮我写一段朋友圈文案，内容关于 [主题 / 事件 / 照片描述]。

我想表达的情感或观点是 [情感 / 观点]。

希望风格 [幽默 / 温馨 / 文艺 / 励志等]。

字数大约 [字数] 字。

[其他特殊要求]。

当然，你也可以直接描述你的实际情况，让 DeepSeek 帮你构思。接下来，我们来看看不同场景下如何使用 DeepSeek 创作点亮朋友圈！

（1）旅行照片配文：让景色会"说话"

旅行是朋友圈的常见主题，但很多人只会配上"风景真美"之类的平淡文字，毫无亮点可言。用好 DeepSeek，你的旅行朋友圈将脱胎换骨！

指令提示： 请帮我写一段朋友圈文案。我刚去了西安旅行，拍了钟楼、兵马俑和华山的照片。这是我第一次独自旅行，感觉既兴奋又有些孤独。希望文案风格是清新的、文艺的，但要带点自嘲的幽默感，不要太过做作，100 字左右。

DeepSeek 可能提供这样的旅行朋友圈文案：

> ※ 已深度思考（用时 14 秒） ∨
>
> 【长安独行手札】
> 钟楼把月光切成脆生生的饼
> 秦俑们站成哑谜，赌谁先开口说寂寞
> 自拍杆成了最忠实的旅伴，在华山索道上表演高空平衡术
>
> 摔碎的导航app和倔强的方言在街头跳探戈
> 历史撞了满怀，背包里却只装着便利店饭团
> 当群山在云海里翻涌时
> 突然发现孤独是件会呼吸的文物
> 正在长出青苔般的绒毛

这段文案既表达了旅途中的所见所感，又通过自嘲地幽默展现了真实的自己，比起干巴巴的"到此一游"有趣许多，自然能吸引更多互动。

（2）美食晒图：不只是"色香味俱全"

美食是社交媒体的常青树，但如果只会说"好吃""美味"，就太浪费这些诱人的食物照片了。DeepSeek 能帮你写出让人口水直流的美食文案！

指令提示： 请帮我写一段朋友圈美食文案。我在家自制了一锅麻辣香锅，花了两小时准备食材和烹饪。成品看起来还不错，味道很棒，但厨房被我弄得一片狼藉。希望文案风格诙谐幽默，带点烟火气，能让人感受到家常美食的温暖和乐趣。

DeepSeek 可能提供的美食朋友圈文案：

> 🔎 已深度思考（用时 10 秒） ⌄
>
> 【厨房炸了 但香锅赢了！】
>
> 两小时前：优雅切菜艺术家 🎨🔍
> 两小时后：灶台灾后重建志愿者 🧯
>
> 本以为自己是中华小当家
> 结果炒出了「中华小当家（字面意思）」
>
> 🥔土豆片在跳蹦床
> 🥦西兰花表演自由落体
> 🦐虾兵蟹将集体开会
> 本锅铲指挥家表示——
> 这届食材真的很！难！带！🌚🙃
>
> 但！是！
> 当麻与辣在舌尖跳探戈时
> 案板上的藕片尸体和
> 地上的花椒碎都变得慈眉善目了🌚
>
> 总结：用三个碗柜的代价
> 换来了三个饱嗝的幸福
> （以及明天继续战斗的勇气）😎
>
> /不说了 先擦灶台/
> （问就是锅先动的手）
>
> 👀 👀 👍 👎

（3）工作内容：既不炫耀也不抱怨

分享工作情况是朋友圈的常见内容，但要避免两个极端：过度炫耀容易让人反感，过度抱怨又显得消极。DeepSeek 可以帮你找到完美平衡！

指令提示：请帮我写一段朋友圈文案，关于今天加班到深夜完成了一个重要项目。虽然很累但也有成就感，得到了领导表扬。希望文案既能表达一下努力工作的辛苦，又不显得像在抱怨或过度炫耀，语气积极向上但不做作，有点幽默但不过度自嘲。

DeepSeek 可能提供的工作朋友圈文案：

> 已深度思考（用时 12 秒）∨
>
> 【深夜加班的快乐星球版】
>
> 路灯在打卡下班的时候
> 我的键盘还在噼里啪啦唱歌
> 终于把「重要项目」这个磨人的小妖精送上了线
> 此刻的成就感像泡面里的溏心蛋一样戳中灵魂
>
> 感谢深夜的咖啡续命三连
> 感谢同事的奶茶魔法攻击
> 以及领导点赞时的彩虹屁冲击波
> （OS：原来我和月亮比熬夜也没输过）
>
> 虽然早睡flag第10086次倒下
> 但摸着良心说
> 这种把难题揉碎再重塑的快乐
> 确实是打工人专属的浪漫
>
> PS：明天谁也别拦着我睡到自然醒
> （如果生物钟允许的话）🌙🐾
>
> ↺ ⟳ 👍 👎

　　这样的文案既真实呈现了加班的辛苦，又通过轻松幽默的态度展现了积极面对工作的心态，不会让人感到是在炫耀或抱怨，更容易获得共鸣。

　　从美食打卡到旅行分享，从工作点滴到生活感悟，DeepSeek 都能帮你找到最适合的表达方式。记住，最好的朋友圈不是最完美的生活展示，而是最能表达真实感受、引起共鸣的内容。有了 DeepSeek 的帮助，你可以更轻松地表达自己，但最终赋予文字灵魂的，还是你自己的真实情感和独特视角。

第四章

DeepSeek 职场文案创作指南

无论是编写令投资者一见倾心的商业计划，还是创作让人才争相应聘的招聘文案，DeepSeek 都将成为你的秘密武器。本章犹如职场写作的点金术，让平平无奇的文字瞬间化为锋利的商业利刃。从此，合同不再晦涩难懂，营销方案不再平淡无奇。跟随我们，让每一份职场文案都闪耀专业光芒，让你的每一个字，都成为制胜职场的关键一击！

有说服力的商业计划：
吸引投资者的计划书写作技巧

你是否曾经有过一个绝妙的创业点子，却不知道如何向他人清晰地表达？如今，有了 DeepSeek，创作一份打动人心的商业计划书变得比你想象得简单多了！

《1》 如何使用 DeepSeek 撰写商业计划书

（1）收集必要信息

在开始使用 DeepSeek 之前，你需要先整理一些基本信息：

◆你的商业想法是什么？

◆目标客户是谁？

◆你要解决的问题是什么？

◆你的解决方案有何独特之处？

◆市场竞争情况如何？

◆你的团队有什么优势？

◆大致的财务预期是什么？

将这些信息准备好，DeepSeek 才能更精准地帮助你。

（2）利用 DeepSeek 创建执行摘要

执行摘要是整个计划书的"脸面"，需要简洁有力。

指令提示：请帮我为一家开发宠物健康监测应用的创

业公司撰写商业计划书的执行摘要。我们的产品能通过智能项圈监测宠物的健康状况，并向主人发送异常警报。公司目标客户是关注宠物健康的城市养宠人士，市场规模约2 000 亿元。

DeepSeek 会根据你提供的信息，生成一份引人入胜的执行摘要。

> 已深度思考（用时 24 秒）∨
>
> **宠物健康监测智能项圈项目商业计划书执行摘要**
>
> **一、项目定位**
> 我们是一家以物联网与人工智能为核心的宠物健康科技公司，致力于通过自主研发的智能健康监测项圈及配套SaaS平台，为城市养宠家庭提供宠物健康管理一站式解决方案。产品通过实时监测宠物生命体征、行为数据及环境指标，结合AI健康评估模型，实现疾病预警、健康趋势分析及个性化养护建议，帮助主人科学养宠，降低宠物医疗风险。
>
> **二、市场机遇**
> 1. **千亿级蓝海市场：** 中国宠物经济规模超2000亿元，30%城市宠物主年均医疗支出超2000元，且83%的养宠人群将"健康管理"列为最关注需求（数据需替换为实际引用源）
> 2. **痛点显著：** 42%的宠物疾病因发现延误导致恶化，传统定期体检存在成本高、依从性差等问题
> 3. **政策利好：** 2023年农业农村部《宠物诊疗机构管理办法》推动行业标准化，智能监测设备纳入宠物保险合作体系
>
> **三、产品核心价值**
> 1. **技术创新**
> • 多模态传感器阵列：集成心率/血氧/体温/运动/睡眠监测模块，精度达医疗级标准

记住，摘要应该点明以下要素：

◆ 你要解决的问题。
◆ 你的解决方案。
◆ 目标市场。
◆ 竞争优势。
◆ 团队亮点。
◆ 财务前景。
◆ 资金需求。

（3）用 DeepSeek 完善市场分析

市场分析需要有数据支持，才能显得可信。你可以向 DeepSeek 提供你收集到的市场数据，请它帮你整理成有说服力的分析报告。

指令提示： 请根据以下数据，帮我撰写宠物健康监测应用的市场分析部分：中国宠物主人数量 1.1 亿人，年增长率 15%；宠物医疗支出年均增长 20%；80% 的宠物主人担心无法及时发现宠物健康问题；现有的竞争对手主要有 A、B、C 三家公司，但它们的产品准确率低或价格高。

一份好的市场分析应该包含：

◆市场规模和增长趋势。

◆目标客户画像和需求。

◆竞争格局分析。

◆行业发展趋势。

◆你的市场切入点。

（4）让 DeepSeek 帮你规划营销策略

营销策略关乎你如何获取和保留客户。向 DeepSeek 描述你的产品和目标客户，它可以帮你规划合适的营销方案。

指令提示： 请为我们的宠物健康监测应用设计营销策略。我们的目标客户是 25 — 40 岁的城市宠物主人，他们熟悉智能设备，愿意为宠物健康投入资金。我们的产品定价是：设备 599 元，每月 19 元的服务订阅费。初期营销预算为 10 万元。

有效的营销策略应该明确：

◆产品定位和差异化卖点。

◆定价策略。

◆推广渠道（线上、线下）。

◆销售流程。

◆客户获取成本。

◆客户维系策略。

（5）借助 DeepSeek 创建财务预测

财务预测通常是投资者最为关心的部分。虽然 DeepSeek
不能替你做具体的财务计算，但它可以帮你梳理财务框架，
指出关键考虑点。

指令提示：请帮我列出宠物健康监测应用创业公司财务
预测需要考虑的关键收入和支出项目，以及如何计算盈亏平
衡点。我们计划首年销售 5 000 台设备，次年增长 100%，
第三年增长 50%。

一份完整的财务预测应包含：

◆收入预测（按产品/服务、渠道等拆分）。

◆成本结构（固定成本、可变成本）。

◆毛利润和净利润预测。

◆现金流量预测。

◆盈亏平衡分析。

◆投资回报预测。

《2》 让商业计划脱颖而出的特别技巧

（1）讲述引人入胜的"故事"

投资者每天阅读大量商业计划。如何让你的计划书令人难忘？答案是讲故事。

指令提示：请帮我根据实例写一个开场故事，生动描述一个宠物主人如何通过我们的健康监测应用及时发现宠物健康问题，避免了严重后果。这个故事将用于商业计划书的开头。

（2）预先应对投资者可能会提出的质疑

聪明的创业者会预先考虑投资者可能提出的问题。

指令提示：请列出投资者可能对我的宠物健康监测应用提出的 10 个尖锐问题，并帮我起草简洁有力的回答。

一份优秀的商业计划书既是路线图，也是说服工具。它不仅能帮助你清晰地思考自己的创业之路，还能帮你获得实现梦想所需的资源和支持。有了 DeepSeek，即使你没有商业背景，也能创建出专业、有说服力的商业计划书！

企业形象塑造：

打造专业公司简介和品牌故事的方法

你是否曾经需要向客户介绍你的公司，却不知从何说起，或者你的企业已经运营多年，但始终缺乏一个令人印象深刻的品牌故事？不用担心，这一节将帮助你利用 DeepSeek 这个强大的 AI 工具，轻松打造专业的公司简介和动人的品牌故事。

1 利用 DeepSeek 创建公司简介

（1）基本步骤

步骤一：收集基本信息

在使用 DeepSeek 之前，先准备以下信息：

◆公司名称和成立时间。

◆主要产品或服务。

◆目标客户群体。

◆公司规模（员工人数、分支机构等）。

◆核心优势或特色。

◆重要成就或里程碑。

◆公司使命和愿景。

步骤二：向 DeepSeek 提出明确请求

将你收集的信息告诉 DeepSeek，并明确你的需求。

指令提示：请帮我为一家名为"绿源科技"的公司撰写一份专业的公司简介。该公司成立于 2018 年，专注于开发节能环保的智能家居产品，目标客户是环保意识强的中高收入家庭。公司现有员工 50 人，已获得 2 项发明专利，产品销往全国 20 多个省市。公司使命是"用科技创造更绿色的生活方式"。字数约 600 字，语言要专业但易于理解，要突出公司的环保理念和技术创新能力。

这样详细的指令可以帮助 DeepSeek 生成更符合你期望的内容。

步骤三：审阅和调整

DeepSeek 生成的初稿可能需要进一步调整。你可以要求它进一步审阅和调整。

指令提示： 这份简介很好，但我觉得环保理念的部分可以再突出一些。请在简介中增加我们如何通过产品设计和生产工艺减少碳排放的内容。另外，语调有点严肃，能否调整得更加亲切一些？

通过这样的反复调整，最终得到满意的公司简介。

（2）制作不同版本的公司简介

根据使用场景的不同，公司简介可能需要多个版本。

◆简短版（100 字左右）：用于社交媒体简介、名片背面等。

◆标准版（500 – 800 字）：用于官网、宣传册等。

◆详细版（1 000 字以上）：用于投资者资料、详细商业计划等。

你可以请 DeepSeek 帮你创建这些不同版本。

指令提示： 请基于刚才的标准版公司简介，为我创建一个 100 字左右的简短版本，作为微信公众号简介。

2 利用 DeepSeek 创作品牌故事

（1）基本步骤

步骤一：找到故事的核心元素

好的品牌故事通常包含以下元素：

◆创始人的初衷或灵感。

◆遇到的挑战和克服方法。

◆重要的转折点或里程碑。

◆公司的使命和价值观。

◆对客户或社会的积极影响。

记住，品牌故事需要真实，夸大其词会损害你的可信度。

步骤二：向 DeepSeek 提供背景和方向

指令提示：请帮我撰写"绿源科技"的品牌故事。我们的创始人李明是一名环保工程师，在关注到大量电子产品被浪费后，决定创建一家注重产品全生命周期设计的科技公司。我们的第一款产品是一个智能节电插座，虽然初期面临资金短缺的挑战，但通过众筹获得了成功。我们希望这个故事能体现出公司对环保的执着，以及"科技应该服务于地球"的理念。故事语调要温暖有力，能够打动关心环境的消费者。

步骤三：完善故事结构和细节

可以要求 DeepSeek 对初稿进一步调整。

指令提示：这个故事的开头很吸引人，但我觉得中间部分关于我们如何克服困难的描述可以更具体一些。能否加入我们团队熬夜工作、多次测试改进的细节？另外，结尾可以加上我们对未来的愿景。

（2）品牌故事的展示渠道

创作好的品牌故事后，可以通过多种渠道展示：

◆公司官网的"我们的故事"页面。

◆社交媒体专题帖子。

◆产品包装或说明书。

◆宣传视频的旁白脚本。

◆媒体采访的背景材料。

针对不同渠道，你可以请 DeepSeek 调整内容的长度和语言风格。

指令提示： 请将这个品牌故事改写成适合在微博发布的简短版本，大约 150 字，风格轻松活泼，并推荐几个合适的话题标签。

好的企业形象能与目标受众产生共鸣。它不仅仅是对外宣传的工具，更是公司身份和价值观的真实体现。现在，准备好你的公司信息，开始用 DeepSeek 打造令人难忘的企业形象吧！

吸引人才的招聘文案：
让优秀人才主动应聘的职位描述

你是否曾发布过招聘信息，却只收到寥寥几份简历，而且大多与你的期望相去甚远，或者你花了不少钱在招聘平台上打广告，却没有理想的候选人来敲门？这很可能是因为你的招聘文案没有足够的吸引力。别担心，有了 DeepSeek 这个强大的 AI 工具，创建一份吸引优秀人才的招聘文案变得轻而易举！

我们先来看看传统招聘文案常见的几个问题。

◆过于模板化：复制粘贴的文案让人感觉公司不够重视这个职位。

◆要求过多，回报模糊：列出一大堆要求，却很少提及
能给应聘者带来什么。

◆描述空洞：使用"有激情""团队合作"等空泛词汇，
没有具体内容。

◆缺乏个性：无法体现公司的独特文化和工作环境。

◆过于正式或严肃：让人感觉工作环境可能很压抑。

知道这些问题后，我们就能有针对性地用 DeepSeek 来
创建更好的招聘文案了。

1 如何用 DeepSeek 创建吸引人的招聘文案

现在，让我们一步步学习如何借助 DeepSeek 来创建一
份能吸引优秀人才的招聘文案。

（1）准备必要信息

在使用 DeepSeek 之前，先准备以下信息：

◆公司的基本情况和特色。

◆招聘职位的名称和部门。

◆该职位的主要职责。

◆对应聘者的基本要求。

◆公司能提供的福利待遇。

◆公司的文化和工作氛围。

信息越详细，DeepSeek 创建的招聘文案就越有针对性。

（2）创建引人注目的标题

标题决定了求职者是否会点开你的招聘信息。

指令提示：请为一家科技初创公司招聘"用户体验设计

师"创建 5 个吸引人的招聘标题，公司主打创新、工作、生活的平衡。

DeepSeek 可能会给你这样的回答：

从中选择最适合你公司风格的标题，或者让 DeepSeek 进一步修改完善。

（3）创建公司简介部分

公司简介要简洁但有吸引力。

指令提示：我们是一家成立 2 年的健康科技初创公司，开发帮助人们养成健康习惯的移动应用。团队现有 15 人，获得过 A 轮融资，办公室位于市中心，有宽松的工作环境。请帮我写一段 100 — 150 字的公司简介，用于招聘。

（4）描述职位和职责

向 DeepSeek 详细说明这个职位需要做什么。

指令提示：我们正在招聘一名内容营销专员，主要负责撰写博客等社交媒体内容和邮件推广文案，旨在提高品牌知名度并吸引潜在用户。请帮我写出这个职位的职责描述，语言要生动有趣，不要太正式。

（5）设定合理的任职要求

避免列出过多或不切实际的要求，这会吓跑潜在的候选人，因此要向 DeepSeek 说明你的真正需求。

指令提示：这个职位需要应聘者有良好的写作能力和创意思维，最好有 1 — 2 年相关经验，熟悉 SEO 基础知识。我们更看重学习能力和创造力，而不是一定要有名校背景或多年经验。请帮我写一个不会吓跑人才但又能筛选出合适候选人的任职要求。

（6）突出你的优势和福利

这是很多公司忽略的重要部分。优秀人才有很多选择，你需要说明为什么他们应该选择你。

指令提示：我们能提供有竞争力的薪资（月薪 8k — 12k），五险一金，每周三天可远程办公，团队氛围轻松，有定期团建和学习机会，办公室有免费零食和咖啡。请帮我将这些福利写成吸引人的"我们的 offer"部分，突出工作与生活的平衡和个人成长空间。

（7）整合成完整的招聘文案

在获得了各个部分后，请 DeepSeek 帮你整合成一个完整、连贯的招聘文案。

指令提示：请将前面创建的公司简介、职位描述、任职要求和福利待遇整合成一份完整的招聘文案，确保语言风格一致，结构清晰，并添加一个简单的应聘指引。整体风格要亲切但专业。

2 针对不同职位的 DeepSeek 指令模板

不同类型的职位可能需要不同风格的招聘文案。这里提供几个针对常见职位类型的 DeepSeek 指令。

技术岗位指令模板：请帮我写一份面向资深 Java 开发工程师的招聘文案。我们是一家金融科技公司，技术团队氛围开放，注重代码质量和工程实践。招聘文案要体现技术挑战的吸引力，但避免使用过多专业术语吓跑潜在应聘者。

创意岗位指令模板：我们需要招聘一名平面设计师，加入我们的品牌团队。我们是一个注重设计的消费品牌，希望应聘者既有创意才华又能理解商业需求。请创建一份能展现我们对设计重视程度的招聘文案，语言要有创意，能激发设计师的兴趣。

销售岗位指令模板：请帮我写一份招聘销售经理的文案，强调高收入潜力和职业发展机会。我们是 B2B 软件服务提供商，销售周期较长，需要有耐心和专业知识的销售人才。请使用充满活力的语言，吸引有抱负的销售精英。

行政岗位指令模板：我们需要一位行政助理来协助管理团队处理日常事务。这个职位需要细心、组织能力强且有良好沟通技巧的人才。请创建一份招聘文案，强调这个职位虽为支持角色但对公司运营至关重要，以及我们提供的学习成长机会。

一份好的招聘文案就像是一扇窗，不仅让应聘者了解这个职位是什么，更能看到在这里工作会是什么样的体验。有了 DeepSeek 的帮助，即使你不是文案高手，也能创建出专业、有吸引力的招聘文案，吸引最适合你公司的人才。

现在，开始使用 DeepSeek 创建你的招聘文案吧，让那些理想中的人才主动找上门来!

营销方案三步法:
活动方案＋执行清单＋预算表的高效制作

为什么营销方案总是让人头疼?

老实说,很多人做营销方案就像盲人摸象:

"老板说要做个活动增加销量,可我该从哪下手啊?"

"写了几千字的方案,结果执行时一塌糊涂,活动效果惨不忍睹……"

"预算超支了 50%,老板的眼神像是要吃了我……"

这些都是因为没有掌握科学的营销方案制作方法。而今天,DeepSeek 就要教你用三步法一次性解决这些问题,让你的营销方案既专业又实用,执行起来也不费劲!

1 打造吸睛的活动方案

活动方案相当于营销的"灵魂",做得好能让老板眼前一亮,让客户拍手叫好。但别担心,用 DeepSeek,帮你安排得妥妥的!

(1)活动背景与目标

很多小白上来就写"我们要做什么活动",结果被老板一顿批:"为什么要做这个活动?"

用 DeepSeek,只需输入:"帮我写一个 [产品名] 的活动背景和目标,突出 [当前市场痛点]。"

指令提示: 帮我写一个儿童智能手表的活动背景和目标,

突出当前家长对孩子安全监控的需求。

DeepSeek 会给你生成既有数据支撑，又有情感共鸣的背景描述：

这样的背景和目标既有痛点分析，又有具体数字，老板一看就知道你是个有逻辑、有目标的实干派！

（2）活动创意与亮点

这部分最能展现你的创意能力，但也最容易没创意。别急，DeepSeek 来帮忙！

在 DeepSeek 中输入："为 [目标用户] 设计一个有创意的 [产品] 营销活动，包含线上和线下环节。"

指令提示： 为小学生家长设计一个有创意的儿童智能手表营销活动，包含线上和线下环节。

DeepSeek 会给你这样的创意：

⊟ 已深度思考（用时 32 秒） ⌄

以下是为小学生家长设计的创意儿童智能手表营销方案，结合**科技感、亲子互动与社会价值**，覆盖线上线下场景，强化家长对产品的信任感与情感共鸣：

活动主题
"安全探险家训练营——解锁孩子的成长地图"
（副标：用科技护航每一次勇敢出发）

活动亮点设计

1. 线上预热：安全知识闯关H5

- **形式：** 开发互动H5游戏，家长与孩子组队答题闯关（如交通安全、防拐骗知识），答对可解锁"虚拟地图碎片"。
- **植入产品功能：**
  - 题目中穿插手表功能彩蛋（如"遇到陌生人按哪个键求救？"对应SOS键演示）；
  - 集齐地图碎片可生成"家庭安全证书"，凭证书参与线下活动抽奖。
- **传播裂变：** 分享H5至社群/朋友圈可额外获得"守护值"，兑换电子版《儿童安全手册》。

2. 线下核心：沉浸式安全探险乐园
场景设计： 商场中庭/学校体育馆搭建主题乐园，设置四大体验区，需佩戴智能手表完成任务：

- **【迷雾森林-定位挑战】**
  - 孩子独立进入模拟"森林迷宫"，家长通过手表APP实时追踪位置，在电子屏上标注路线；
  - 最快汇合的家庭获胜，凸显"精准定位+电子围栏"功能。
- **【紧急警报岛-SOS实战】**
  - 模拟孩子跌倒/被陌生人搭讪场景，触发手表一键求救；
  - 家长手机收到警报后，通过手表通话安抚孩子，工作人员引导脱困，强化"危机响应"感知。
- **【时空隧道-成长记忆】**

这样的创意既好玩又实用，还能完美展示产品功能，不愁活动没吸引力！

（3）活动时间与流程

很多营销方案写到这里就虎头蛇尾了，但 DeepSeek 不会让你犯这个错误。

只需输入："设计一个为期 [时间] 的 [活动名称] 完

整流程和时间表。"

指令提示： 设计一个为期一个月的"安全探险家训练营——解锁孩子的成长地图"完整流程和时间表。

DeepSeek 会帮你规划得明明白白：

圖 已深度思考（用时 26 秒）∨

"安全探险家训练营——解锁孩子的成长地图"完整流程与时间表

活动周期： 4周（28天）
核心逻辑： "线上预热→线下引爆→线上延续→情感沉淀"，全程贯穿亲子互动与科技赋能安全理念。

第一周（Day 1-7）：线上预热与知识传播
目标： 引发家长关注，建立安全议题共鸣，为线下导流。

时间	环节	执行细节
Day 1-3	H5游戏上线+社交媒体造势	- 发布"安全探险家"H5闯关游戏，设置3关（交通安全/防拐骗/紧急救援）； - 家长分享闯关结果至朋友圈，可解锁"虚拟勋章"并参与抽奖（线下门票、手表折扣券）。
Day 4-5	KOL联动+悬念视频	- 邀请育儿博主发布"孩子独立挑战"短视频，提问："你敢让孩子独自探险吗？"； - 评论区置顶H5链接，引导用户参与。
Day 6-7	社群裂变+公益预告	- 家长群发起"安全宣言接龙"，满100条即品牌捐赠1套安全教育绘本； - 公布线下活动城市场次及报名通道。

第二周（Day 8-14）：线下沉浸式体验落地
目标： 通过场景化互动深化产品认知，创造情感记忆点。

有了这样详细的时间规划，执行起来就能有条不紊，不怕手忙脚乱！

2 制作详尽的执行清单

方案再好，没有执行力也是纸上谈兵。而执行清单就是让你的方案从理想变为现实的关键！

（1）人员分工表

指令提示： 为 [活动名称] 创建一个详细的人员分工表，

包括岗位职责和时间节点。

DeepSeek 会帮你生成一个专业的分工表。

（2）物料准备清单

活动物料是常常被忽视但又至关重要的环节，用 DeepSeek 可以确保万无一失。

指令提示：生成 [活动名称] 的完整物料清单，包括线上和线下物料，以及各自的数量和负责人。

DeepSeek 会给你一个细致的清单。有了这样的清单，再也不会出现"啊，忘记准备这个了"的尴尬情况！

（3）风险应对预案

优秀的营销人都知道，预见可能的风险并提前准备应对方案，才是真正的专业。DeepSeek 可以帮你想到别人想不到的问题。

指令提示：为 [活动名称] 制定风险预案，列出可能遇到的问题和解决方案。

DeepSeek 会给你一个全面的风险应对预案，让你成为未雨绸缪的营销高手，无论遇到什么情况都能临危不乱！

3 编制精准的预算表

预算是老板最关心的部分，也是最容易出问题的环节。用 DeepSeek 可以搞定这块硬骨头！

（1）总体预算框架

首先需要一个清晰的预算框架，让老板一目了然。

指令提示：为 [活动名称] 制作一个总预算表，包括各大类支出和占比。

DeepSeek 会生成一个专业的预算框架，既有大类也有细项，配比也很合理，老板一看就会觉得你做事很靠谱！

（2）投入产出比分析

聪明的营销人不只会花钱，还会分析投入产出比，DeepSeek 能帮你做到这一点。

指令提示：为 [活动名称] 分析预期投入产出比，包括各项投入的预期回报。

DeepSeek 会给你一个让老板眼前一亮的分析结果。

这样的投入产出分析让你的预算方案不再是单纯的"花钱计划"，而是一个有理有据的"赚钱方案"！

（3）预算调整弹性

优秀的预算方案还应该有弹性，能够应对不同情况。DeepSeek 能帮你做到未雨绸缪。

指令提示：为 [活动名称] 设计三档预算方案（标准版、精简版、升级版）。

DeepSeek 会以此为依据给出明确的弹性预算。

有了 DeepSeek，就算你是营销小白，也能做出让老板刮目相看的专业方案！

下次再有人问你："这个活动怎么做？"你就可以淡定地说："给我三天，我用三步法搞定它！"然后偷偷打开 DeepSeek，轻松变身营销大神！

清晰合同协议：
保障双方权益的法律文书写作要点

你需要自己写一份合同，却不知从何下手，生怕漏掉重要条款，导致日后麻烦不断？别担心！今天我们就用

DeepSeek，教你轻松搞定各种合同协议，不再做法律文书的"门外汉"！

1 >> 合同协议的基本框架

首先，让我们用 DeepSeek 来了解一份标准合同应该包含哪些部分。

指令提示：请告诉我一份标准合同的基本框架和必备要素是什么。

DeepSeek 会告诉你，一份完整的合同通常包括这些部分。

> 88 已深度思考（用时 24 秒）∨
>
> 一份标准合同的基本框架和必备要素会根据具体业务场景和适用法律有所调整，但通常包含以下核心内容和结构：
>
> ---
>
> **一、合同基本框架**
>
> 1. **标题**
>   明确合同类型（如《购销合同》《技术服务协议》《劳动合同》）。
> 2. **合同编号**（可选）
>   便于内部管理和存档。
> 3. **合同主体（当事人信息）**
>   ◦ 甲方、乙方的名称/姓名
>   ◦ 统一社会信用代码（法人）/身份证号（自然人）
>   ◦ 地址、联系方式
>   ◦ 法定代表人/授权代表（如适用）
> 4. **鉴于条款（引言）**
>   ◦ 说明合同背景、目的及双方合意（例如："鉴于甲方需...，乙方同意...，双方达成如下协议"）。

看起来有点复杂？别急，接下来我们就用 DeepSeek 一步步教你，怎么把这些必备要素变成一份专业且保障你权益的合同！

2 >> 用 DeepSeek 创建合同的三大步骤

（1）明确合同类型和核心需求

不同类型的合同有不同的重点。比如，劳动合同重点在工作内容和薪资福利，而租房合同则重点在租金和房屋使用规则。

使用 DeepSeek 时，首先要明确你需要什么类型的合同。

指令提示： 我需要写一份二手车买卖合同，买方是我，应该特别注意哪些关键点？

DeepSeek 会给你实用的建议：

这样，你就能抓住这类合同的核心点，避免日后纠纷。

（2）让 DeepSeek 为你生成合同初稿

有了明确的需求后，就可以请 DeepSeek 帮你生成合同初稿了。关键是要在提问时尽可能详细地说明情况。

指令提示： 请为我生成一份二手车买卖合同，具体情况如下：

买方是张三，卖方是李四。

买卖车辆是 2018 年的丰田卡罗拉，行驶 6 万公里。

成交价格是 10 万元，分两次付款。

卖方承诺车辆无重大事故和水淹记录。

过户手续由卖方负责办理。

请生成一份保障买方权益的合同。

DeepSeek 会根据你的需求，生成一份包含必要条款的合同初稿。

> 圀 已深度思考 (用时 33 秒) ∨
>
> 以下是根据您提供的信息定制的二手车买卖合同模板，重点保障买方权益，关键条款已加粗提示：
>
> **二手车买卖合同**
>
> **甲方 (卖方)：李四**
> **身份证号：** ＿＿＿＿＿＿＿＿＿
> **联系电话：** ＿＿＿＿＿＿＿＿＿
>
> **乙方 (买方)：张三**
> **身份证号：** ＿＿＿＿＿＿＿＿＿
> **联系电话：** ＿＿＿＿＿＿＿＿＿
>
> **第一条 车辆基本信息**
>
> 1. 品牌型号：丰田卡罗拉 (与行驶证一致)
> 2. 车牌号码：＿＿＿＿＿ 车架号 (VIN)：＿＿＿＿＿
> 3. 发动机号：＿＿＿＿＿ 注册日期：2018年＿＿月
> 4. 表显里程：**6万公里 (卖方承诺无调表)**
> 5. 车身颜色：＿＿＿＿＿ 使用性质：非营运

　　这个初稿虽然还需要调整，但已经包含了主要条款，省去了你从零开始的麻烦。

（3）优化合同细节，增强保障性

　　有了初稿后，我们需要进一步完善，确保合同真正起到保障作用。这时可以请 DeepSeek 帮你检查并加强合同的保障性。

　　指令提示： 请检查这份合同是否有遗漏或不清晰的地方，尤其是对买方权益的保障部分。

　　DeepSeek 会细致地分析合同内容，并提出修改建议：

> 圀 已深度思考 (用时 53 秒) ∨
>
> 以下是对合同的逐条分析及优化建议，重点强化买方权益保障：
>
> **一、需补充的关键条款**
>
> 1. **调表违约责任不明确**
>   - **现状：** 仅约定"卖方承诺无调表"，但未明确违约后果。
>   - **建议修改：**
>   "若第三方检测或4S店记录显示实际里程与表显里程差异超过5%，视为调表，买方有权退车并要求卖方支付车款20%的违约金。"
> 2. **过户完成标准模糊**
>   - **现状：** 约定"过户后3日内支付尾款"，但未定义过户完成的标志。

按照这些建议修改后，你的合同将更加完善，权益保障更加全面。

3 >> 让 DeepSeek 帮你审核合同

如果收到对方发来的合同，但不确定是否有风险，DeepSeek 可以成为你的"合同顾问"！

（1）识别不公平条款

如果你收到一份合同，不确定是否对自己公平，可以这样发送指令：

指示示例：请帮我检查这份合同中对 [你的角色] 不公平或存在风险的条款。

DeepSeek 会细致分析合同内容，指出潜在风险点和建议修改的部分。

（2）提出修改建议

发现问题后，你还可以请 DeepSeek 帮你拟订修改方案。

指令提示：针对第三条关于知识产权的规定，请提供一个更公平的替代方案。

DeepSeek 会给你专业的修改建议，并解释为什么这样修改更加公平合理。

一份好合同的标准是清晰明确、权责平衡、易于执行、防范风险，而 DeepSeek 就是你实现这一目标的得力助手！下次再遇到需要签合同的情况，不妨先问问 DeepSeek，使法律文书不再让你头疼！

第五章

DeepSeek 创意写作入门与进阶

　　创意这道曾经遥不可及的"闪电"，如今在 DeepSeek 的"魔法"下唾手可得！想让故事跃然纸上、让诗歌直击心灵、让对白环环相扣吗？本章就是你打开创意之门的神奇密钥！从童话到科幻，从清新散文到扣人心弦的悬疑，我们将与你共同探索想象力的无垠宇宙。释放心中被禁锢的创作灵魂吧，让每个平凡的你，都能在文字的海洋中乘风破浪，创造属于自己的创意传奇！

简单诗歌创作：
人人都能写出好诗的实用方法

"诗歌"这个词是不是让你想起了那些深奥难懂的文字，或是遥远的古代文人？也许你认为写诗是一种需要特殊天赋的活动，只有文学大师才能驾驭。其实不然！诗歌本质上是表达情感和思想的一种特殊方式，每个人心中都有诗意，每个人都能写诗。

有了 DeepSeek 这个得力助手，诗歌创作变得前所未有的简单。无论你是想表达对生活的感悟、纪念特别的时刻，还是向亲友传达深厚的情感，DeepSeek 都能帮你把内心的感受转化为优美的诗句，让你在朋友圈一秀，惊艳所有人！

1 如何用 DeepSeek 创作诗歌

使用 DeepSeek 创作诗歌非常简单，关键是提供足够清晰的指引。

指令模板：
请帮我写一首关于 [主题] 的诗。
我想表达的情感或想法是 [情感 / 想法描述]。
我希望诗歌风格 [现代 / 古风 / 自由 / 押韵等]。
长度大约 [行数] 行。
[其他特殊要求]。

当然，你不需要提供以上所有信息。如果只有一个简单的想法，也可以直接告诉 DeepSeek，然后根据它的回应进一步调整。

接下来，我们来看看创作不同类型诗歌的具体例子。

（1）表达感情：写给亲友的暖心诗歌

诗歌是表达深情的绝佳方式，无论是父母生日、朋友结婚，还是向心仪的人表白，一首量身定制的诗都能传达你的真挚情感。

指令提示： 请帮我写一首给妈妈的生日诗。我想表达对她多年养育之恩的感谢，以及对她无私奉献的敬佩。我的妈妈是一位老师，非常温柔坚强，总是为家人付出。我希望诗歌风格温暖感人，不需要太多华丽辞藻，但要真挚动人。长度 12 − 16 行。

这个请求包含了：

◆创作诗歌的目的（庆祝妈妈生日）。

◆想表达的情感（感谢和敬佩）。

◆关于对象的信息（职业是老师，性格温柔坚强）。

◆风格要求（温暖感人，真挚不华丽）。

◆长度要求（12 − 16 行）。

DeepSeek 会根据你的需求，创作出一首富有感情的诗歌。

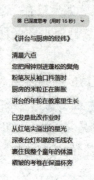

（2）自然之美：描绘风景的唯美诗歌

大自然是诗歌创作的永恒主题。无论是壮丽的山河、宁静的湖泊，还是城市的某个角落，都可以通过诗歌表达你的感受和思考。

指令提示：请帮我写一首关于秋天的诗。我想描述深秋时节公园里的事物：金黄的落叶、渐凉的天气、稀疏的行人。我希望诗歌有一种安静而略带忧伤的美感，能让人感受到季节变换的哲理。诗风偏向现代自由诗，不需要严格押韵。

这个请求包含了：

◆诗歌主题（秋天公园）。

◆具体景象（落叶、天气、行人）。

◆情感基调（安静忧伤）。

◆表达目的（季节变换的哲理）。

◆诗歌风格（现代自由诗）。

得到初稿后，你可以请求 DeepSeek 进行修改和完善。

指令提示：这首诗整体很好，但我希望加强一些关于"时间流逝"的暗示，并且在结尾处增加一点希望的色彩，不要全篇都是忧伤的氛围。

通过这样的反馈，DeepSeek 可以针对性地调整诗歌，使其更符合你的期望。

（3）古风诗词：穿越时空的文化之美

中国传统诗词有着独特的魅力和格律要求。如果你想尝试写一首古风诗词，DeepSeek 能够帮你掌握其中的格律和意境。

指令提示：请帮我写一首古风七言绝句，主题是"月下思乡"。我想表达一个游子在他乡看到明月时对家乡和亲人的思念之情。我希望诗句优美，意境深远，符合传统七言绝句的格律要求。

这个请求包含了：

◆诗歌体裁（古风诗词）。
◆诗歌主题（月下思乡）。
◆情感基调（思念）。
◆格律要求（七言绝句）。

DeepSeek 可能提供的古风诗词：

> 🐋 已深度思考（用时 19 秒） ⌄
>
> 《望月怀乡》
> 客里蟾光独倚楼
> 一城灯火半窗秋
> 家书滞在孤鸿影
> 几页风霜几页愁
>
> 赏析：这首作品以"月下思乡"为主题，通过"蟾光"、"孤鸿"等意象营造清冷意境。首句"独倚楼"勾勒游子形象，次句"半窗秋"以景写情，后两句通过家书未至的细节，将抽象的乡愁物化为"几页风霜"，末句叠用"几页"形成咏叹，符合七绝平仄规范，下平十一尤韵一韵到底，在传统框架中展现了游子望月怀远的深沉情感。
>
> ⟲ ⟳ 👍 👎

2 创意无限：尝试特殊形式的诗歌

除了常见的自由诗和传统诗词，还有许多特殊形式的诗歌可以尝试，如藏头诗、儿童诗、情诗等。DeepSeek 都能帮你实现创意。

指令提示：请帮我写一首藏头诗，每行第一个字连起来是"生日快乐"四个字。内容是祝福我的好朋友生日快乐。她喜欢画画和旅行。诗风活泼明快，有现代感，不需要古风风格。

这个请求指明了特殊要求(藏头诗，首字为"生日快乐")，以及主题和风格要求。

DeepSeek 可能提供的创意诗歌：

> 圈 已深度思考 (用时 49 秒) ∨
>
> 《绘色行歌》
> 生花笔尖搅动调色盘漩涡
> 日历跳成火车票根在堆积
> 快看！阿尔卑斯蓝泼进画布
> 乐高积木搭起下一站巴黎
>
> (每行藏头"生日快乐"，融合绘画与旅行意象。"调色盘漩涡"隐喻创作激情，"票根堆积"展现旅行足迹，阿尔卑斯蓝衔接自然与艺术，末句用乐高积木象征对未来的憧憬。全诗通过动态意象群构建，符合现代诗歌跳跃性特征，避免传统 birthday 祝福的直白表述。)
>
> ⟲ ⟳ ⟲ ⤵

3 常见诗歌类型的快速请求模板

为了方便你快速开始诗歌创作，这里提供几个常见诗歌类型的请求模板。

祝福诗指令模板：请帮我写一首 [节日 / 生日 / 毕业等] 祝福诗，送给我的 [关系：朋友 / 家人 / 老师等]。他 / 她 [特点描述]。我想表达 [情感 / 祝愿]。希望诗风 [活泼 / 温馨 / 庄重等]，长度约 [行数] 行。

自然风景诗指令模板：请帮我写一首关于 [季节 / 地点 /

自然现象] 的诗。我想描述 [具体景象]，并表达 [情感/思考]。希望诗风 [清新/壮丽/深沉等]，形式为 [自由诗/格律诗等]，长度约 [行数] 行。

人生感悟诗指令模板：请帮我写一首关于 [主题：时间/成长/梦想等] 的哲理诗。我最近经历了 [经历简述]，感受到 [感悟]。希望诗歌能 [鼓舞人心/引人深思等]，风格 [现代/深刻/平实等]，长度约 [行数] 行。

爱情诗指令模板：请帮我写一首爱情诗，表达对 [对象] 的 [情感：爱慕/思念/感谢等]。我们 [关系描述]。希望诗风 [浪漫/含蓄/热烈等]，可以提到 [共同经历/特殊意义的物品等]，长度约 [行数] 行。

最打动人心的诗歌源于真实的情感和经历。DeepSeek 可以帮你组织语言、构建意象，但真正让诗歌与众不同的，是你的独特感受和视角。不要害怕尝试，不要担心不够"诗意"，每个人心中都有诗，每个人都能成为诗人！

生动对白写作：
让角色对话更真实的技巧与实例

你有没有读过那种对话特别生动的小说，角色们的说话方式自然得仿佛就在你身边？又或者看过电影后忍不住反复回味里面那些令人难忘的台词？生动真实的对白不仅能让故事更加引人入胜，还能让角色活起来，成为读者或观众心中难以忘怀的存在。

但是，创作自然流畅的对话并不容易。许多初学者在写对白时，要么让角色说的话太过刻板，要么所有角色听起来都一个样，要么是对话与现实生活中人们的说话方式相去甚远。如果你也有这些困扰，别担心，通过 DeepSeek 的帮助，创作生动有趣的对白将变得轻而易举。

❮1❯ 如何用 DeepSeek 创作对白

使用 DeepSeek 创作角色对白非常简单，关键是提供足够详细的背景信息和明确的需求。

指令模板：

请帮我写一段 [情境] 中的对话。

参与对话的角色有 [角色 1] 和 [角色 2]。

[角色 1] 的性格和身份背景是 [描述]。

[角色 2] 的性格和身份背景是 [描述]。

他们的关系是 [关系描述]。

对话中应体现 [情感 / 冲突 / 目的]。

对话风格是 [幽默 / 紧张 / 温馨等]。

[其他特殊要求]。

当然，你不需要一次性提供所有这些信息。如果只有一个简单的想法，也可以直接告诉 DeepSeek，然后根据它的回应进一步细化你的需求。接下来，我们来看看几种常见场景的对白创作实例。

（1）家庭日常：温馨又略带冲突的亲子对话

家庭对话是故事中的常见场景之一，自然流畅的家庭对白能展现家人之间复杂而深厚的情感联系。

指令提示：请帮我写一段青春期女儿和父亲之间的对话。女儿今年 15 岁，叛逆但内心敏感；父亲是一位大学教授，严厉但爱女心切。女儿刚刚因为上课看手机，手机被老师没收，父亲被叫到学校。他们在回家的车上展开的对话。希望对话中既有冲突，也能看出父女之间深厚的爱，在对话最后，二者的关系有了一定的缓解。请同时写出对话中的动作和情绪描写。

这个请求包含了：

◆对话场景（放学路上的车内）。
◆角色设定（叛逆青春期女儿和严厉的教授父亲）。
◆情境背景（女儿手机被没收，父亲被叫到学校）。
◆情感要求（既有冲突又有爱，最后缓解）。
◆额外要求（包含动作和情绪描写）。

DeepSeek 可能提供的家庭对话：

> **第 已深度思考（用时 20 秒）** ∨
>
> （车内空调发出细微的嗡鸣，方向盘在父亲指节发白的攥握中轻微偏移。后视镜里映出女儿蜷缩在副驾驶的身影，校服领口被揉得发皱）
>
> 父亲：（喉结滚动两下）教导主任说这周第三次了。（指尖敲打皮质座椅）上周四的数学小测，你交了白卷。
>
> 女儿：（指甲抠进书包带编织纹路）反正你学生个个都是天才。（忽然拔高声音）对，我就是故意开着大音量刷短视频！
>
> （车轮碾过减速带剧烈颠簸，保温杯里的枸杞茶泼洒在档位杆上。父亲手背青筋突起，扯过纸巾时碰倒了仪表台上的相框——那是女儿小学时骑在他肩头摘枫叶的照片）
>
> 父亲：（擦拭水渍的动作突然凝滞）你妈妈化疗那半年……（喉头哽住）你每天趴在床边写作业，笔尖把透析记录单都划破了。
>
> 女儿：（猛然转头，发丝间闪过银质四叶草耳钉——十六岁生日礼物此刻显得刺眼）你又要说我不懂事对不对？（鼻尖泛红）是，我没法像她那样永远温柔完美！
>
> （车载广播突然切入《千与千寻》片尾曲，潮湿的寂静在驾驶部分漫延。女儿颤抖着撕开草莓味软糖包装纸，糖纸簌簌声里混进一声抽泣）
>
> 父亲：（将空调风向转向右侧，温度调高两度）上个月家长会——（摘下眼镜擦拭）你们班主任说你写的《追风筝的人》读后感，让她在办公室哭花了妆。
>
> 女儿：（把糖纸叠成歪扭的千纸鹤）那是因为——（指尖摩挲书包暗袋里卷边的心理咨询预约单）哈桑说"为你，千千万万遍"的时候…（泪珠砸在安全带上）
>
> （路口红灯转为90秒倒计时。父亲摸索储物格，抽出用国自然基金结题报告包着的薄荷糖，剥开时纸张上的"致谢·吾女笑颜"字样一闪而过）

这段对话自然流畅，既展现了父女之间的冲突，又表现了他们之间的爱。通过对话，我们可以看出父亲的严厉和关爱，女儿的叛逆和敏感。对话中的动作和情绪描写增强了场景感，让读者能更好地理解角色的心理变化。

（2）职场场景：紧张而有力的谈判对话

职场对话需要展现专业性和角色间的权力关系，同时保持真实感和戏剧性。

指令提示：请帮我写一段年轻员工向老板提加薪的对话。员工王明，28 岁，在公司工作 3 年，业绩出色但性格有些内向；老板张总，45 岁，精明能干但比较注重利益。对话应该展现王明的紧张和决心，以及张总的试探和考验。希望对话有你来我往的较量感，但不要过于剑拔弩张。最后结果可以是开放式的，不一定立即得到答案。

这个请求包含了详细的角色设定和对话需求，让 DeepSeek 能够创作出更加贴合场景的对话内容。

‹2› 角色对话进阶技巧：让对白更真实生动

要创作出更加出色的角色对话，以下技巧可以帮助你更好地利用 DeepSeek。

（1）提供详细的人物"声音"描述

每个角色说话的方式（俗称"声音"）是塑造角色个性的重要元素。向 DeepSeek 提供具体的语言习惯描述：

指令提示：李奶奶说话时喜欢用老家的方言词汇，经常说一些"好嘞""咋弄"类的口头禅，而且常常话说一半就转到另一个话题。小孙子则语速很快，喜欢用"超级""炫酷"等流行词。

（2）通过对白揭示关系和背景

好的对话不仅是信息交换，还能揭示角色间的关系历史和背景。

指令提示：请在对话中自然地透露出王明和李华曾经是大学室友，但毕业后因为一次误会有了隔阂，这是他们五年来第一次见面。

（3）添加非语言元素

现实生活中的对话包含大量非语言元素，加入这些细节能让对话更加生动。

指令提示：请在对话中加入肢体语言、停顿、打断等元素，展现两人紧张的气氛。例如，李明说话时会不停地转动手中的笔，而张总会时不时看表示意时间有限。

（4）利用潜台词增加深度

潜台词是角色没有直接说出口，但实际想表达的内容，能给对话增加层次感。

指令提示：请创作一段表面上在讨论工作项目，但实际上角色 A 在试探角色 B 是否知道公司即将裁员的消息的对话。A 知道这个消息而 B 不知道，但 A 不能直接告诉 B。

3　不同类型对话的快速请求模板

为了方便你快速开始对话创作，这里提供几个常见类型的对话请求模板。

恋爱 / 情感对话指令模板：请帮我写一段 [初次约会 /分手 / 表白等] 场景的对话。角色 A 是 [性格 / 背景描述]，角色 B 是 [性格 / 背景描述]。他们的关系是 [关系描述]。场景发生在 [地点]。希望对话能展现 [期望的情感 / 张力]，风格 [甜蜜 / 伤感 / 幽默等]。

冲突对话指令模板： 请帮我写一段 [冲突类型：争吵 / 辩论 / 对峙等] 的对话。角色 A 的立场是 [立场描述]，性格 [性格描述]；角色 B 的立场是 [立场描述]，性格 [性格描述]。他们因为 [冲突起因] 而发生争执。希望对话能展现双方的情绪变化和立场转变，但不要让任何一方显得完全正确或完全错误。

教育 / 指导对话指令模板： 请帮我写一段展现 [师生 / 父母和孩子] 之间的教导场景对话。年长者 [性格 / 个人背景]，年轻者 [性格 / 个人背景]。年长者正在教导年轻者关于 [主题 / 技能 / 生活道理]，但年轻者 [抗拒 / 困惑 / 好奇等]。希望对话既能传达知识，又能展现两代人的思维差异。

日常生活对话指令模板： 请帮我写一段 [家人 / 朋友 / 邻居] 之间的日常对话。场景是 [日常场景：晚餐 / 散步 / 购物等]。参与者包括 [角色描述]。他们正在讨论 [话题]，但对话中应该自然地融入他们的 [关系动态 / 共同历史 / 未说出口的情感]。希望对话风格 [轻松 / 温馨 / 略带喜剧色彩等]。

优秀的对话能让你的小说、剧本或其他创意写作作品焕发生机。运用 DeepSeek，你可以轻松创作出性格鲜明、自然流畅且富有深度的角色对话，为你的故事增添色彩。

当你为下一个创作项目构思对话时，不妨尝试向 DeepSeek 详细描述你的角色和场景，看看它如何帮你将角色的声音栩栩如生地呈现出来！

日常散文写作：
把生活小事写成动人的文章的实用指南

你有没有过这样的经历？一个平凡的早晨，阳光透过窗帘，照亮了猫咪打盹的身影；一杯热茶在冬日的午后，冒出袅袅白雾；雨后的一条小路，倒映着斑驳的树影……这些生活中的小片段，往往在瞬间触动我们的心弦，我们想要记录下来，却发现自己不知从何下笔。有了 DeepSeek 的帮助，即使是写作小白，也能将日常小事转化为动人的散文。

1 如何用 DeepSeek 创作散文

使用 DeepSeek 创作散文非常简单，关键是提供足够清晰的指引。

指令模板：

请帮我写一篇关于 [主题 / 事件] 的生活散文。

我想表达的感受或思考是 [情感 / 思考]。

希望文章风格 [温馨 / 清新 / 略带哲理等]。

可以围绕以下细节展开：[相关细节 / 场景 / 人物]。

文章长度大约 [字数] 字。

[其他特殊要求]。

当然，你不需要提供所有这些信息。如果只有一个简单的想法，也可以直接告诉 DeepSeek，然后根据它的回应进一步调整。

接下来，我们看看如何用 DeepSeek 将日常小事转化为动人的文字。

（1）家庭生活：记录温暖的家人相处

家庭是我们生活的基础，也是情感最丰富的源泉。一次平凡的家庭晚餐，孩子的一个小动作，甚至是家里老物件的一段往事，都可以成为好文章的素材。

指令提示： 请帮我写一篇关于家庭晚餐的散文。在奶奶 80 岁生日那天，全家人难得聚在一起吃了顿饭。奶奶做了几道拿手的家常菜，大家边吃边聊，气氛温馨。我特别想表达家人虽然平时各忙各的，但在这样的时刻，那种血脉相连的感觉特别强烈。希望文章风格温暖感人，但不要过于煽情。可以着重描写奶奶做菜的细节，以及每个家人的微反应。800 字左右。

这个请求包含了：

◆主题（家庭晚餐、奶奶的生日）。

◆想表达的情感（亲情的珍贵）。

◆风格要求（温暖感人但不过度煽情）。

◆具体细节提示（奶奶做菜、家人反应）。

◆字数要求（800 字左右）。

DeepSeek 可能提供的家庭生活类散文：

🌀 已深度思考（用时 24 秒） ﹀

《灶火暖》

老式铝锅盖被蒸汽顶得微微颤动时，奶奶正在案板前揉面团。面粉簌簌落在青灰围裙上，她布满褐斑的手腕却比搅拌机更有韵律。八十岁的腰弯成虾米，和面的力道却依旧像年轻时那样稳当，木案板发出笃笃的闷响，震得窗台上蒜苗盆栽轻轻摇晃。

"妈您歇会儿吧。"姑姑蹲在墙角削土豆，刀尖剜出月牙形的芽眼。奶奶只摆摆手，围裙角在身后晃成白浪。厨房里花椒炝锅的香气混着排骨汤的咕嘟声，把玻璃窗蒙成毛月亮。我数着窗棂上的水珠往下滑，表弟突然伸手要偷盘里的炸藕盒，被奶奶反手拍了下手背。

餐桌是两张方桌拼成的，缝隙里卡着去年除夕留下的瓜子壳。小姨摆碗筷时总哼着走调的老歌，她新烫的卷发在吊灯下泛着栗色光泽。红烧鱼端上桌时，堂姐正举着手机给二叔看外孙的视频，屏幕里婴孩的笑声撞碎了鱼身腾起的热气。奶奶解围裙时带起一阵风，吹得烛焰猛地一抖。

"趁热吃。"她给每人碗里夹了块颤巍巍的肘子，油花在米饭上洇出金边。大伯说起工地新来的小伙计，话头却被堂弟突然响起的手机铃声截断。奶奶不说话，只是把糖醋排骨往年轻人那边推了推，琥珀色的糖汁在盘底聚成小小水洼。

姑姑忽然说起四十年前那个饥荒的除夕，奶奶用最后半碗白面擀了五张饺子皮。"妈那时候手抖得呀……"话没说完就被清嗓子的声音打断。我看见奶奶低头喝汤，白发间露出半枚褪色的红发卡，汤匙碰着碗沿叮当响，像多年前铁皮饼干盒开合的声响。

小辈们收拾碗筷时，奶奶靠在藤椅里打盹，皱纹里还沾着面粉。厨房传来水龙头冲刷器皿的声响，堂弟和堂姐为谁洗碗猜起了拳，暮色透过纱窗筛进来，给空屋子上残留的酱色镀了层柔光。阳台上晾着的围裙滴着水，在水泥地上洇出深色的圆，像那年我打翻蜂蜜罐时，奶奶忙忙用抹布擦过的痕迹。

最后一道余晖掐过餐桌中央的奶油蛋糕时，八根蜡烛已经烧短了半截。火苗在所有人眼底晃动，把三十七岁的父亲、五十二岁的姑姑、十九岁的堂弟都染成暖黄色。玻璃杯相碰的脆响里，我忽然看清蛋糕旁那碗长寿面——汤面雪白，葱花碧绿，正是奶奶揉了四十年不曾变过的模样。

👍 👎 ⭐ 📋 🔗

（2）自然观察：发现身边的自然之美

大自然是散文创作的永恒主题。即使是城市里的一隅绿地、阳台上的一盆花草，或是窗外的一场雨，都可以成为我们思考和感悟的源泉。

指令提示：请帮我写一篇关于阳台上种的一盆薄荷的散文。这盆薄荷是我在去年春天种下的，经历了夏天的疯长，秋天的收敛，冬天几乎枯萎，但今年春天又冒出了新芽。我想通过这盆薄荷表达对生命力的赞叹，以及对生活中"坚持"的思考。希望文风清新自然，有一些生活哲理但不要有说教意味。可以描写薄荷的香气、形态变化等细节。

这个请求提供了具体的主题（阳台上的薄荷）、情感主线（对生命力的赞叹和对"坚持"的思考）、风格要求（清新自然，有哲理但不说教）以及希望突出的具体细节（香气、形态变化）。

2 常见题材的散文写作模板

为了帮助你快速开始散文创作，以下是几个常见题材的指令模板。

四季变化／自然风景指令模板：请帮我写一篇关于 [季节／自然现象／特定地点] 的散文。我想描述 [具体景象]，并表达 [情感／思考]。希望文风 [清新／抒情／沉静等]，特别注重 [色彩／声音／气味等] 的描写。文章长度约 [字数] 字。

回忆／怀旧指令模板：请帮我写一篇关于 [童年记忆／老物件／故人往事等] 的怀旧散文。这 [记忆／物件／人物] 让我想起 [具体场景／感受]。我希望通过这篇文章表达 [对过去的感慨／对现在的思考]。希望风格 [温情／略带感伤但不悲观等]。可以着重描写 [具体细节]。文章长度约 [字数] 字。

生活感悟指令模板：请帮我写一篇从 [日常小事：做饭／通勤／遛狗等] 引发的思考散文。这件小事让我领悟到 [感悟]。希望文章既有生活的具体细节，又有深度地思考，风格 [平实／有温度／不说教]。文章长度约 [字数] 字。

人物描写指令模板：请帮我写一篇关于 [亲人／朋友／邻居等] 的散文。描述他／她的 [特点／习惯／与我的关系]。特别想表达 [对这个人的感情／从这个人身上获得的启示]。希望通过 [具体事件／细节／对话] 来展现人物性格，而不是直接描述。文风 [温暖／敬佩／亲切等]。文章长度约 [字数] 字。

生活中的点滴，看似平凡，却蕴含着无限的美和感动。当我们学会用心观察，用情感去体验，再用文字去记录，平凡的日子也能焕发出不平凡的光彩。运用 DeepSeek，即使你从未写过散文，也能轻松将生活中的感动转化为优美的文字。

儿童文学指南：
创作孩子喜爱的故事的实用技巧

还记得小时候那些让你念念不忘的故事吗？或许是勇敢的小老鼠，或许是会飞的大象，或许是住在树洞里的小精灵……这些故事陪伴我们度过了童年，塑造了我们的想象力，甚至影响了我们看待世界的方式。

如今，有了 DeepSeek 这位贴心助手，任何人都能轻松创作出孩子们喜欢的精彩故事。无论是哄孩子睡觉的温馨小故事，还是培养孩子品格的寓言，抑或是激发孩子想象力的奇幻冒险，DeepSeek 都能帮你实现！

❮1❯ 如何用 DeepSeek 创作儿童故事

使用 DeepSeek 创作儿童故事非常简单，关键是提供足够清晰的指引。

指令模板：

请帮我写一个适合 [年龄段] 孩子的 [类型] 故事。

主角是 [角色描述]。

故事的主题或想表达的道理是 [主题 / 道理]。

希望故事风格 [温馨 / 冒险 / 幽默等]。

可以包含这些元素：[喜欢的元素，如动物、魔法、友谊等]。

故事长度：大约 [字数] 字或 [分钟] 分钟读完。

[其他特殊要求]。

当然，你不需要提供所有这些信息。如果只有一个简单的想法，也可以直接告诉 DeepSeek，然后根据它的回应进一步调整。接下来，我们来看看创作不同类型儿童故事的具体例子。

（1）睡前故事：温馨舒缓的完美选择

睡前故事是常见的儿童故事类型之一，它们通常温馨平静，能帮助孩子放松心情，为睡眠做好准备。

指令提示： 请帮我写一个适合 3－5 岁幼儿的睡前故事。主角是一只怕黑的小兔子，它发现了夜晚的美丽和星空的神奇。故事要温馨平和，能帮助孩子克服对黑暗的恐惧。语言要简单易懂，句子不要太长。故事最好能在 5 分钟内读完，适合哄孩子睡觉时讲述。

这个请求包含了：

◆ 目标年龄段（3－5 岁幼儿）。

◆ 故事主角（怕黑的小兔子）。

◆ 主题（克服对黑暗的恐惧）。

◆ 风格要求（温馨平和）。

◆ 语言要求（简单易懂，句子不太长）。

◆ 阅读时长要求（5 分钟读完）。

◆ 用途（睡前讲述）。

DeepSeek 可能提供的睡前故事：

已深度思考（用时 22 秒）

《星星被窝》

森林里住着一只雪团似的小兔子绒绒，她最害怕天黑。每当夕阳收起最后一道金边，她就会把长耳朵缩成毛球。

"妈妈，夜晚会不会吞掉我的胡萝卜灯呀？"绒绒用被子蒙住眼睛。兔妈妈轻轻掀起被角："今晚我们玩个星星游戏好不好？"

绒绒跟着妈妈蹦到苜蓿地。深蓝色的天空忽然闪起银光，一颗小星星顽皮地眨了眨眼。"你看，星星在给怕黑的小宝贝讲故事呢。"妈妈指着天幕。

"叮铃——"萤火虫提着灯笼路过，草叶间浮起一串会跳舞的光点。绒绒伸出爪子，小灯笼就温温柔柔地停在她鼻尖。

猫头鹰爷爷从树洞探出头："月亮要发晚安饼干啦！"果然，圆圆的月亮把云朵烤得松松软软，银色的光像糖霜洒在蘑菇屋顶上。

"原来夜晚有这么多好朋友值班呀。"绒绒把蒲公英毯子铺在月光里。露珠悄悄爬上三叶草，奏起叮咚的摇篮曲。妈妈哼着歌把星星被窝盖在小兔子身上："每个黑夜都是星星缝的绒毯子，轻轻裹着做梦的小宝贝呢。"

现在，每当夜幕降临，绒绒就会趴在窗边等她的星星朋友。你听，晚风里是不是有银铃铛在响？那是小兔子在数着星星说晚安呢。

（2）教育故事：寓教于乐的智慧选择

教育故事旨在通过有趣的情节和角色，传递重要的价值观念和生活技能，让孩子在享受故事的同时学到知识。

指令提示： 请帮我写一个适合 6－8 岁儿童的教育故事，主题是“学会分享”。主角可以是一个起初不愿意分享玩具的小男孩或小女孩，通过一次经历，学会了分享的快乐。故事要生动有趣，不要直接说教。通过情节和角色间的对话自然地表达主题。可以加入一些轻松幽默的情节。故事长度 1000 字左右。

这个请求指明了目标年龄段、教育主题和表达方式的要求，让 DeepSeek 能够创作出更加有针对性的故事。

（3）奇幻冒险：激发想象力的精彩旅程

奇幻冒险故事能带领孩子进入一个充满可能性的世界，激发他们的想象力和创造力。这类故事通常包含神奇元素、意外旅程和成长经历。

指令提示：请帮我写一个适合 9 - 12 岁儿童的奇幻冒险故事。故事中，一个普通的孩子发现自家阁楼的旧衣柜能通往一个神奇的世界。在那里，他 / 她遇到了会说话的动物和神秘的生物，并肩负起解决当地问题的任务。希望故事充满想象力和惊奇元素，同时包含友谊、勇气和自我发现的主题。故事节奏要紧凑，有适当的悬念，结尾圆满但可以留下会有续集的可能。大约 1500 字。

这个请求提供了基本故事设定（通往奇幻世界的衣柜）、希望包含的元素（会说话的动物、神秘生物）以及核心主题（友谊、勇气、自我发现），给了 DeepSeek 足够的创作空间和方向。

《2》 不同年龄段儿童故事的快速请求模板

为了方便你快速开始创作针对不同年龄段的儿童故事，以下是几个实用的指令模板。

幼儿故事（0 - 3 岁）指令模板：请帮我写一个适合 0 - 3 岁幼儿的超短故事。故事主角是 [角色]，主题是 [简单概念，如颜色、动物、日常活动等]。语言要非常简单，句子短小，有重复的句式和音韵，可以加入一些拟声词和动作描述，便于大人在讲故事时做动作互动。故事时长不超过 2 分钟。

学龄前儿童（3 - 6 岁）指令模板：请帮我写一个适合 3 - 6 岁儿童的故事。主角是 [角色描述]，故事围绕 [主题 / 问题] 展开。希望故事包含一些简单的情感和社交概念（如分享、友善、克服恐惧等）。语言要生动形象且易于理解，可以加入一些重复的有趣对话或情节。故事适合 5 分钟内读完。

小学低年级（6－9岁）指令模板：请帮我写一个适合 6－9 岁儿童的 [类型] 故事。主角是 [角色描述]，面临的挑战是 [问题 / 冲突]。希望故事传达 [价值观 / 道理]，但要通过情节和对话自然展现，不直接说教。可以包含一些悬念和幽默情节，语言要生动有趣，句式可以略微复杂一些。大约 [字数] 字或 [分钟] 分钟读完。

小学高年级（9－12岁）指令模板：请帮我写一个适合 9－12 岁儿童的 [类型] 故事。故事发生在 [背景设定]，主角是 [角色描述]，面临的主要冲突是 [冲突描述]。希望故事情节复杂，有起伏和转折，围绕 [主题 / 价值观] 展开。内容包含一些更深入的情感描写和角色发展，同时保持符合这个年龄段的语言和内容水平。大约 [字数] 字。

有了 DeepSeek，任何人都能为孩子创作出精彩的故事。无论是哄孩子入睡的温馨故事，还是教导重要价值观的寓言，抑或是激发想象力的奇幻冒险，DeepSeek 都能帮你实现！

科幻故事创作：
打造引人入胜的科幻世界的基本方法

你是否曾经被《星际穿越》的时空概念震撼过，或者被《三体》中奇特的科学构想迷住？也许你思考过：如果人类能与人工智能共存，未来会变成什么样子？这些正是科幻故事的魅力所在！

如今，有了 DeepSeek 的帮助，任何人都能创作出引人入胜的科幻故事，无须专业的科学知识，也不需要复杂的文学技巧！

 如何用 DeepSeek 创作科幻故事

使用 DeepSeek 创作科幻故事非常简单，关键是提供足够清晰的指引。

指令模板：

请帮我写一个科幻短篇故事。

故事设定在 [时间 / 地点 / 背景]。

核心科学概念是 [科学构想 / 技术 / 现象]。

主角是 [角色描述]，他 / 她面临的主要问题是 [冲突 / 挑战]。

我希望故事探讨 [主题 / 思考点]。

故事风格偏向 [硬科幻 / 软科幻 / 赛博朋克 / 太空歌剧等]。

故事长度约 [字数] 字。

[其他特殊要求]。

当然，你不需要提供所有这些信息。如果只有一个简单的想法，也可以直接告诉 DeepSeek，然后根据它的回应进一步调整。接下来，我们来看看几种常见科幻故事类型的创作方法。

（1）近未来科技故事：探索明天的可能性

近未来科技故事设定在不远的将来，探讨当今正在发展的科技可能带来的影响。这类故事贴近现实，容易引起读者共鸣。

指令提示： 请帮我写一个发生在 2050 年的近未来科幻故事。故事中，脑机接口技术已经普及，人们可以直接用思维控制电子设备和分享记忆。主角是一位 30 多岁的记忆编辑师，专门帮助人们删除或修改不愉快的记忆。一天，他接到一个特殊的客户委托，这个委托让他开始质疑自己的职业伦理。希望故事能探讨记忆、身份认同和技术伦理的关系。风格要写实但不晦涩，语言流畅易懂。大约 1500 字。

这个指令包含了：

◆时间背景（2050 年）。

◆核心科技概念（脑机接口和记忆编辑）。

◆主角设定（记忆编辑师）。

◆和故事冲突（职业伦理的挑战）。

◆以及希望探讨的主题（记忆、身份认同和伦理）。

DeepSeek 可能提供的近未来科技故事：

⊕ 已深度思考（用时 28 秒）∨

好的，我将按照您的要求创作一个近未来科幻故事。为了让故事更完整，我会先列出一些基本框架。请您看看以下内容是否符合您的预期。如果您有其他想法，可以随时提出，我会进行调整。

世界观设定

· **时间背景**：2050 年上海，脑机接口技术普及的第三年，社会进入"神经编辑时代"。

· **核心科技**：

1. 记忆可视化技术（神经编辑舱）

2. 记忆碎片重组算法

3. 纳米级神经修复机器人

· **社会特征**：

· 记忆分享成为新型社交方式

· 记忆黑市交易猖獗

· 脑机病毒"记忆蠕虫"开始蔓延

故事梗概

· **记忆修复现场**：通过商婚夫妻的记忆修复案例，展示记忆编辑师的工作细节与行业现状。

· **异常客户**：患有逆行性遗忘症的芭蕾舞演员林夏带着谜异症状来访，她的记忆碎片中出现不可能存在的红色舞鞋。

（2）太空冒险：探索宇宙的无限可能

太空冒险是科幻故事中的经典类型，带领读者前往遥远的星系，探索未知的世界。这类故事强调探索精神和人类在极端环境下的坚韧。

指令提示：请帮我写一个太空冒险科幻故事。故事发生在 22 世纪，人类已经开始在太阳系内建立殖民地。主角是一名星际救援队的新队员。在她的第一次任务中，他们的救援飞船在土卫六上坠毁，只有她和队长生还。他们必须在这个充满甲烷湖泊和陌生生物的卫星上生存并寻求救援。希望故事既有惊险的冒险元素，也有对人类探索精神的思考。故事可以有些紧张感，但不要过于黑暗。约 1200 字。

2 常见科幻类型的快速请求模板

为了帮助你快速开始科幻创作，这里提供五种常见科幻类型的指令模板。

近未来科技故事指令模板：请写一个发生在未来 [5－50] 年的科幻故事。核心科技是 [尚未实现但基于当前趋势可能实现的技术]。主角是 [角色描述]，他/她面临的问题是 [与该技术相关的冲突]。希望故事探讨 [社会/伦理/个人影响]。风格要写实且贴近现实生活。约 [字数] 字。

太空探索故事指令模板：请写一个发生在 [太空环境：特定行星/太空站/宇宙飞船] 的科幻故事。主角是 [角色身份：宇航员/科学家/殖民者等]，面临的主要挑战是 [环境危机/任务困难/未知生命形式等]。希望故事体现人类在极端环境中的 [探索精神/适应能力/合作重要性等]。风格偏向 [硬科幻/冒险/生存等]。约 [字数] 字。

赛博朋克故事指令模板：请写一个赛博朋克（Cyberpunk）风格的科幻故事，发生在 [高科技低生活水平的未来都市]。主角是 [边缘人物：黑客/义体改造者/赏金猎人等]，卷入

了 [企业阴谋 / 权力斗争 / 身份危机等]。故事中应该包含 [数字世界与现实的交融 / 贫富差距 / 科技垄断等元素]。风格要黑暗但不失希望，节奏紧凑。约 [字数] 字。

平行世界 / 多元宇宙故事指令模板： 请写一个关于 [平行世界 / 多元宇宙 / 时间线分支] 的科幻故事。主角是 [角色描述]，意外发现 / 穿越到了一个 [关键历史事件有所不同 / 物理规律有变化 / 社会发展道路不同] 的平行世界。主要冲突是 [适应新环境 / 寻找回家的路 / 改变或保持这个世界的状态等]。希望故事探讨 [身份 / 选择 / 命运等主题]。约 [字数] 字。

后启示录故事指令模板： 请写一个发生在 [灾难类型：核战争 / 瘟疫 / 环境崩溃] 后的世界的科幻故事。背景设定在灾难发生后 [时间]，人类社会已经 [描述新的生存状态]。主角是 [幸存者身份]，面临的挑战是 [生存困境 / 重建社会 / 人性考验等]。希望故事既反映严酷现实，又包含对人类韧性和希望的思考。约 [字数] 字。

从本质上讲，科幻故事不只是关于未来科技或外星世界的奇思妙想，而是通过这些想象来审视我们人类的本性、恐惧、希望和潜力。运用 DeepSeek，无须专业的科学知识或写作技巧，你也能创作出引人入胜的科幻故事。

下次，当一个"如果这样会怎样"的问题在你脑海中闪现时，不妨借助 DeepSeek，将这个想法发展成一个完整的科幻故事，也许你的想象力会创造出下一个经典科幻世界！

悬疑故事技巧：
设计扣人心弦的情节的实用工具

你是否有过这样的经历？半夜捧着一本悬疑小说，明明已经困得眼睛都睁不开了，却还是忍不住想再翻一页，再翻一页……"就再看一章，我发誓！"结果天亮了，你还在被窝里抱着书，眼睛红得像只兔子，脸上却挂着"终于知道凶手是谁了"的满足笑容。

这就是悬疑故事的魔力！它能让我们欲罢不能，像着了魔一样被吸引。而现在，有了 DeepSeek 这个超给力的 AI 工具，就算你是个写作小白，也能创作出让读者彻夜难眠的悬疑故事！

1 用 DeepSeek 变身悬疑小说大师的五步进阶法

（1）设计一个"够味儿"的谜题

每个悬疑故事的核心都需要一个让人挠头的谜题，你的谜题可以是：

◆ 一桩离奇的命案（"为什么死者的手里握着一颗糖果？"）。

◆ 一个神秘消失的人（"他只是去倒个垃圾，为什么再也没回来？"）。

◆ 一个诡异的物品（"这个老旧音乐盒每到午夜就会自

已打开，到底为什么？"）。

◆一个不可思议的现象（"小镇上的居民为什么都不记
得那个星期二发生了什么？"）。

想不出好点子？别担心，DeepSeek 随时待命！试试这
样问它："我想写个悬疑故事，但脑子里一片空白。能帮我
想个与古董店有关的离奇谜题吗？越古怪越好！"

DeepSeek 立刻就会为你提供一堆脑洞大开的创意！

（2）撒下一把"红鲱鱼"

"红鲱鱼"是悬疑写作中的专业术语，指的是那些误导
读者的假线索。它们就像是恶作剧一样，让读者满心欢喜地
以为："啊哈！我知道谁是凶手了！"结果一转身，真相却
完全不是那么回事。

创造好的误导线索有点像做饭：太明显了，读者一眼
就看穿；太隐晦了，读者根本注意不到。需要恰到好处的"火
候"。

指令提示：请帮我设计三个误导线索，让我的读者误以
为花店老板是绑架案的幕后黑手，但实际上他只是个喜欢半
夜给花浇水的怪人。

（3）设计让人"咬指甲"的悬念时刻

悬念时刻就是那种让读者"啊！不要在这里停下来啊！"
的片段。它们通常出现在章节末尾，让读者恨不得立刻翻到
下一页。

指令提示：请给我设计五个章节结尾的悬念时刻，越刺
激越好，要达到让读者宁愿躲在厕所里多读一章也不愿放下
书的程度！

经典的悬念时刻包括：

◆意外发现："她打开冰箱，尖叫声卡在了喉咙里——那不是牛奶，那是……"

◆突如其来的危险："他刚要开门，门把手却自己慢慢转动了起来。"

◆震惊真相："DNA 检测结果出来了，凶手的血与受害者……竟然完全吻合？"

◆意料之外的相遇："当他抬起头，发现站在面前的，正是三年前被宣布死亡的妻子。"

（4）像剥洋葱一样层层设谜

好的悬疑故事就像洋葱，有很多层。当读者解开一个谜题，内心正沾沾自喜时，砰！一个更大的谜题又冒了出来。

指令提示：请帮我设计一个三层谜题：表面上是寻找失踪的猫，挖深后发现猫其实目睹了一起罪案，再深入则洞悉了整个小镇都牵涉其中的大阴谋。每层谜题该如何过渡呢？

这种层层递进的结构，就像一部扣人心弦的韩剧，让读者欲罢不能，明明熬夜看得头昏眼花，却还是忍不住说："再看一集！"

（5）控制信息的"遛猫"节奏

悬疑写作中，信息的释放就像是遛猫，如果线放得太紧，猫（读者）会憋屈；线放得太松，猫就跑了（读者失去兴趣）。可以向 DeepSeek 请教如何掌握这种微妙的平衡。

指令提示：我的故事是关于一个小镇上连续发生的怪事，请帮我规划六章的信息释放节奏，既要让读者急得抓头发，又不能让他们抓狂到把书扔出窗外。

2 五种让读者"欲罢不能"的悬疑技巧

（1）"读者知情，角色蒙圈"式悬念

这种技巧就像看恐怖片时，你看到杀手就在角色身后，而角色却浑然不觉继续刷牙的场景。你在电视机前急得直跺脚："别刷了！快跑啊！"

指令提示： 请帮我写一个场景：读者已经知道主角的咖啡被下了毒，但主角和朋友们却在一边悠闲地讨论昨晚的足球赛，一边喝咖啡……

（2）"大家一起蒙"式悬念

这种技巧是让读者和角色一样困惑，大家一起挠头，一起猜测："啊！这到底是什么情况？"

指令提示： 请写一个场景：主角走进自己的公寓，发现所有家具都颠倒放置在天花板上，房间没有任何入侵痕迹，没有任何线索，连读者也被这个场景搞得一头雾水。

（3）"倒计时"式紧张感

给故事设定一个明确的期限，就像电影里那种红色数字不断倒数的炸弹，让人心跳加速。

指令提示： 请帮我设计一个 24 小时内必须解开密码的情节，密码锁着一个关乎主角生死的秘密，并设计出这 24 小时内的关键时间点，每过几小时就要增加一次紧张感。

（4）"蒙眼猜物"式有限视角

通过限制读者能获取的信息来制造悬疑，就像蒙着眼睛猜是什么东西一样。

指令提示： 请用第一人称视角写一个场景：主角在伸手不见五指的地下室里，听到奇怪的声音，闻到奇怪的气味，

但因为太黑了，他（和读者）只能靠其他感官来猜测发生了什么。

（5）"事后恍然大悟"式线索植入

在故事中悄悄埋下伏笔，读者当时可能没注意，但结局揭晓时会恍然大悟："哦！原来那个不起眼的细节这么重要！"

指令提示： 请帮我在一个普通的早餐场景中，不着痕迹地埋下三条线索，这些线索看起来完全无关紧要，但在故事结尾会证明它们正是解开谜题的关键。

从前，我们只能熬夜追读别人写的悬疑故事；现在，有了 DeepSeek 这个神奇助手，我们也可以创作出让别人熬夜阅读的精彩故事！

第六章

DeepSeek 短视频创作攻略

　　短视频时代，流量就是王道，创意便是利剑！本章，DeepSeek 将点燃你的短视频创作之魂，让平凡镜头瞬间绽放爆款光芒！从吸睛标题到扣人心弦的开场，从爆款话题到妙趣横生的文案，我们将揭秘那些让人欲罢不能的创作密码！不再为爆款话题绞尽脑汁，不再为平淡内容黯然神伤！跟随这场创意风暴，让你的每一个短视频都惊艳四座，让观众的每一次点击都成为对你才华的致敬！

短视频脚本设计：
抓住观众注意力的开场与结构技巧

为什么很多人拍的短视频无人问津？

老实说，很多人做短视频就像盲人摸象：

"辛辛苦苦拍了一天，剪了一夜，结果播放量只有几十个……"

"看别人随便发一条视频就能火，我精心准备的为什么没人看？"

"好不容易有人点进来，前三秒就滑走了，我的内容明明很用心啊！"

这些都是因为没有掌握短视频脚本设计的核心技巧。而今天，DeepSeek 就要教你用"三步法"打造吸睛的视频脚本，让你的内容轻松获得更多播放、点赞和转发！

1 >> 设计"黄金 3 秒"开场

短视频的开场就像电梯广告，只有短短几秒钟抓住观众，否则他们就会毫不犹豫地滑走。数据显示，普通用户决定是否继续观看一条视频只需要 1.7 — 3 秒。

（1）开场"钩子"类型

用 DeepSeek，只需输入："为我的 [视频主题] 设计 3 种不同风格的开场"钩子"，每种不超过 15 秒。"

指令提示：为我的"5 分钟快速整理房间"视频设计 3

种不同风格的开场"钩子"，每种不超过 15 秒。

DeepSeek 会给你这样的开场设计：

> ⊗ 已深度思考（用时 20 秒）∨
>
> 以下是为您的整理视频设计的3种高吸引力开场"钩子"，每种风格都配有视觉化镜头建议：
>
> ⊗【悬念挑战型】（倒计时音效+手机计时器特写）
> 镜头：摇晃拍摄满地衣物/凌乱书桌
> 文案："5分钟能改变什么？（停顿）这套被300万人验证的急救整理术（撕开便利贴露出倒计时），现在开始你的极限挑战！"
>
> ⊗【幽默反差型】（欢快BGM+快镜头剪辑）
> 镜头：博主突然被衣服山"掩埋"，挣扎爬出后变身超级英雄装扮
> 文案："当你的房间变成灾难现场（皱眉摊手），而约会还有……（看表）300秒！（突然元气）跟我启动闪电整理模式！"
>
> ⊗【科学实验型】（实验室音效+数据图表动画）
> 镜头：整洁/凌乱房间对比分屏，飞出百分比数据
> 文案："测试证明：92%的焦虑来自视觉混乱（推眼镜）。现在揭晓5分钟空间重置公式（拿起荧光笔划线），第三步将颠覆认知……"
>
> 每种开场均控制在12—14秒，通过强节奏剪辑制造沉浸感，建议搭配对应的音效包和字幕动效增强冲击力。数据可根据实际情况微调以增强真实感。
>
> ⟲ ⟳ 👍 👎

（2）开场表现手法

想要让开场更加吸睛？DeepSeek 能帮你设计更具体的表现形式！

指令提示：为"懒人健身 30 天变化"设计一种视觉冲击力较强的开场表现形式，包括画面构图和动作设计指导。

DeepSeek 会给你这样的创意：

> ⊗ 已深度思考（用时 30 秒）∨
>
> 以下是为"懒人健身30天变化"设计的强视觉冲击力开场方案，结合对比美学与动态叙事：
>
> ―――――――――――――――――――――――
>
> **1. 开篇镜头：反差冲击（0—3秒）**
> *画面构图：*
>
> · 俯拍对角线构图：主角瘫坐沙发（左下角），右侧堆满外卖盒/游戏手柄
> · 冷调滤镜+慢动作镜头
> · 手机屏幕倒映出主角臃肿的脸（第二视角增强代入感）
>
> *动作设计：*
>
> · 薯片从松弛的手中缓缓滑落
> · 手机屏幕显示健身教程的"开始训练"按钮
> · 汗珠滴落屏幕引发涟漪转场特效

这样的开场既直观又有冲击力，瞬间就能抓住观众的注意力！

（3）量身定制的行业开场模板

不同类型的视频适合不同的开场方式。DeepSeek 能够根据你的具体行业给出最适合的开场模板。

指令提示：为美妆教程类短视频提供 3 种高转化率的开场模板。

DeepSeek 会给你行业专属的开场模板：

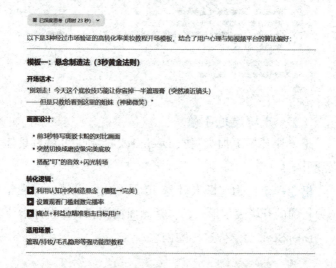

这样的行业特定开场模板，能让你的视频一开始就抓住目标受众的心！

❮2❯ 构建引人入胜的内容结构

有了好的开场，接下来就要设计能让观众看到最后的内容结构。短视频虽短，但也需要清晰的结构才能让观众感到满足。

（1）短视频结构模板

用 DeepSeek 可以设计适合你主题的结构。

指令提示：请为"如何快速入睡"提供一个简洁有效的短视频结构，视频长度约 2 分钟。

DeepSeek 会推荐这样的结构：

> 🔲 已深度思考（用时 22 秒）∨
>
> 以下是为"如何快速入睡"设计的2分钟短视频高效结构：
>
> 【0:00-0:15 开场痛点】
>
> • 画面：深夜辗转反侧的特写 + 闹钟显示凌晨时间
>
> • 字幕/旁白："你是否也经历过这些失眠时刻？"
>
> • 数据冲击："全球35%成年人存在入睡困难问题"
>
> 【0:16-0:45 核心方法 - 环境篇】
>
> • 画面切换：演示卧室改造对比
>
> 1. 光线控制（安装遮光帘vs普通窗帘）
> 2. 温度调节（空调显示18-20℃）

这样的结构层次分明，观众看完后既有收获，又不会觉得冗长。

（2）节奏控制技巧

好的短视频需要有张有弛，节奏感强。DeepSeek 能帮你设计完美的节奏曲线！

指令提示：为"3 道懒人快手菜教程"设计一个 2 分钟视频的节奏曲线，包括高潮点设置和转场建议。

DeepSeek 会给你这样的节奏规划：

> 为"3道懒人快手菜教程"设计一个2分钟视频的节奏曲线，包括高潮点设置和转场建议。

> 🔲 已深度思考（用时 29 秒）∨
>
> 以下是专为"3道懒人快手菜教程"设计的2分钟视频节奏曲线方案，包含情绪起伏与节奏控制节点：
>
> **0:00-0:05 黄金开场（高潮点1）**
>
> • 快节奏剪辑：连续闪现三道成品特写（带蒸汽/拉丝效果）
>
> • 转场建议：食材飞入划屏+刀切音效
>
> • 文字弹窗："5分钟搞定！拯救懒癌的魔法料理"

这样的节奏设计能让 2 分钟的视频既不拖沓也不紧凑过头，观众看完全程不会感到无聊！

3 设计高转化的互动与结尾

一条好的短视频不仅要让观众看完，还要引导他们点赞、评论、分享甚至关注。这需要精心设计互动环节和强有力的结尾。

（1）互动引导技巧

用 DeepSeek 可以设计出自然又有效的互动引导。

指令提示： 为"生活小窍门"类视频设计 3 种自然的互动引导方式，提高评论和点赞率。

DeepSeek 会给你这样的互动策略：

> 🞉 已深度思考（用时 23 秒）⌄
>
> 以下是三种自然且高效的互动引导方式设计，结合生活窍门类内容的实用性特点，能有效提升观众参与意愿：
>
> **1. 选择式互动法（二选一场景）**
>
> ▶ 应用场景：展示技巧时设置对比场景
>
> 🞤 案例："用牙膏清洁水龙头时，大家觉得用白色膏体还是透明啫喱效果更好？评论区告诉我你的选择，正确答案下期揭晓！"
>
> 🞤 优势：利用观众的选择困难心理，低门槛互动带动评论，同时为下期内容埋下悬念。
>
> **2. 体验验证挑战**
>
> ▶ 应用场景：展示技巧效果后
>
> 🞤 案例："刚刚这个除水垢方法到底有没有效？现在马上试起来！完成实验的朋友拍照发评论区，点赞前三名送厨房去污神器"
>
> 🞤 优势：将观看行为转化为实践行为，UGC内容反哺评论区活跃度，实物奖励刺激参与。
>
> **3. 定制化求助引导**
>
> ▶ 应用场景：视频结尾处

这些互动引导既不生硬，又能有效提高观众参与度！

（2）结尾设计模板

好的结尾能给观众留下深刻印象，并促使他们采取行动。

指令提示： 为"懒人健身技巧"设计一个有记忆点的 10—15 秒结尾，既能总结内容又能促进转化率提高。

DeepSeek 会给你这样的结尾设计：

第 已深度思考 (用时 20 秒) ⌄

【10秒高转化结尾脚本】
画面: 动作合集快剪+动态字幕
配音: "三个动作十分钟，碎片时间练全身！"
(音效: 叮~)
字幕弹出: "懒人友好见效快"
(画面切至关注按钮特写)
配音: "点击收藏，明天就比今天更Fit！"
(画面: 账号水标+动态箭头指向关注按钮)

记忆点设计:

1. 数字口诀: "3-10-1"记忆点 (3个动作/10分钟/1个目标)
2. 音效触发器: 每次听到"叮"声联想到健身成果
3. 押韵转化话术: "Fit"与"点击"形成语音关联
4. 视觉锤: 动态箭头+肌肉线条转化符号

(时长: 13秒，含2次节奏变化，适配短视频算法推荐模式)

⟲ ⟳ ⟳ ⟲

这样的结尾既总结了核心内容，又设置了未来期待，还给出了明确的行动指引，转化效果拔群！

4 最实用的 DeepSeek 短视频提示语

（1）脚本一键生成

指令模板: 为[主题]生成一个2分钟短视频的完整脚本，包括画面描述、旁白台词和转场设计。

（2）表情动作指导

指令模板: 为短视频[场景]设计自然的表情和肢体语言指导，避免画面内容显得尴尬或做作。

（3）镜头语言设计

指令模板: 为讲解[主题]的短视频设计5个能提升专业感的镜头组合。

（4）背景音乐匹配

指令模板: 为[视频风格]推荐5种适合的背景音乐风格，并说明最佳使用时机。

（5）标题优化

指令模板： 为我的 [视频内容简述] 生成 10 个高点击率的标题选项，包括疑问句、数字标题和情绪化标题。

记住，好的短视频脚本设计应遵循这些原则：

◆ 开场决定存亡——用强力"钩子"在 3 秒内抓住观众。

◆ 结构要清晰——观众在不知不觉中就能跟着你的思路走。

◆ 节奏有高低——像讲故事一样设置起伏和高潮。

◆ 结尾要有力——给观众明确的下一步行动指引。

有了 DeepSeek 的帮助，你可以轻松设计出具有专业水准的短视频脚本，让你的内容更有吸引力，获得更多点赞、评论和分享！

吸睛标题制作：
提高点击率的视频标题写作方法

花费数小时甚至数天精心制作了一条视频，内容精彩绝伦，却在发布后收获寥寥几十个播放量，仿佛把珍珠丢进了大海。

"这不科学啊！我的内容这么好，为什么没人看？"

"那个博主随便一条视频就上万播放量，为什么我的视频无人问津？"

"难道是平台不推荐我的作品？还是我的标题取得不够好？"

如果你有过以上疑问，那么恭喜你，今天找到了症结所在——很可能是你的视频标题出了问题！在信息爆炸的时代，一个吸睛的标题就像商店的橱窗，决定了路人是否愿意驻足观看。而 DeepSeek 正是帮你设计这扇"橱窗"的得力助手！

1 标题制作的三大核心原则

无论什么类型的视频，好标题都遵循三个核心原则。

（1）引发好奇心

人类天生对未知和悬念充满好奇。一个好标题应该在观众心中种下一个问题，让他们忍不住想点进来寻找答案。

指令提示：为"小户型收纳技巧"的视频设计 3 个能引发好奇心的标题。

DeepSeek 会给你这样的标题方案：

> 📝 已深度思考（用时 21 秒）∨
>
> 以下是3个能引发好奇心的小户型收纳视频标题建议：
>
> 1. 《衣柜消失术？小户型不敢公开的3个空间折叠法》
>   （悬念式隐喻：用"消失术"制造神秘感，"不敢公开"引发窥探欲）
> 2. 《出租屋秒变魔法屋！这5个收纳机关设计师都偷学》
>   （场景化＋反差对比："出租屋"vs"魔法屋"，"设计师偷学"暗示专业价值）
> 3. 《教科书级极限扩容：1㎡当5㎡用的收纳作弊指南》
>   （数据对比制造冲击，"作弊指南"暗示非常规技巧，满足用户走捷径心理）
>
> 标题设计逻辑：
>
> 1. 使用魔法/作弊/机关等超现实元素，将普通收纳技巧神秘化
> 2. 通过"不敢公开/设计师偷学"等字眼制造信息差吸引力
> 3. 数据化呈现效果（1㎡变5㎡）增强可信度
> 4. 加入悬念词"消失术/机关/作弊"触发点击冲动
>
> 可根据视频内容侧重选择：
>
> · 侧重技巧展示选标题1
> · 侧重改造效果选标题2
> · 侧重专业方法论选标题3
>
> 🗑 ⭘ ⭘ ⭘ ⭘

看到了吗？这些标题都在传递信息的同时留下了悬念，让人忍不住想点进去一探究竟。

（2）触及痛点

每个人都有自己的困扰和需求，当你的标题直击用户痛点时，他们就会产生强烈的共鸣和点击欲望。

指令提示： 为"上班族"分析 3 个核心痛点，并据此创作有共鸣的视频标题。

DeepSeek 会帮你分析痛点并创作标题：

> 第 已深度思考（用时 40 秒） ∨
>
> **上班族3大核心痛点分析及视频标题创作**
>
> **痛点1：时间压榨与隐形加班**
>
> **分析：**
> 上班族常面临"隐形加班"困扰，如通勤挤占休息、碎片化工作入侵生活、下班后仍需回复消息等，导致个人时间被无限压缩，陷入"工作即生活"的疲惫循环。
>
> **视频标题：**
> 🔍《下班后的消息该回吗？打工人如何夺回"隐形加班"的8小时！》
> （共鸣点：直击被迫"在线待命"的无奈，引发对工作边界感的讨论）
>
> ――――――――――――――――――
>
> **痛点2：价值感缺失与成长焦虑**
>
> **分析：**
> 重复性事务性工作让上班族陷入"工具人"困境，能力难以提升，晋升通道狭窄，薪资与付出不匹配，导致自我价值感流失与对未来不确定性的深度焦虑。
>
> **视频标题：**
> 📄《5年工资涨500，我是不是职场"性价比之王"？》
> （共鸣点：用反讽语气揭露薪资停滞的荒诞，激发同龄人情感共振）
>
> ――――――――――――――――――
>
> **痛点3：身体透支与情绪内耗**
>
> **分析：**
> 久坐、熬夜、高压引发的颈椎病/脱发/过劳肥成"职业病标配"，而职场PUA、内卷竞争更导致情绪能量枯竭，形成"身体被掏空，精神被榨干"的双重困境。
>
> **视频标题：**
> ⚠️《月薪1万：治腰突花8千，这届打工人到底在给谁打工？》
> （共鸣点：用扎心数据对比，揭露健康损耗的代价，唤醒自我保护意识）
>
> **标题设计逻辑**
> 1. **痛点具象化：** 将抽象问题转化为具体场景（如回消息""治腰突"），增强代入感。
> 2. **冲突对比：** 用数字/反讽制造反差（"5年涨500""月薪1万花8千"），刺激情绪共鸣。
> 3. **解决方案暗示：** 标题隐含"如何解决"的开放性，吸引点击（如"夺回时间""给谁打工"引发思考）。
>
> 🖒 🖓 🖉 🗐 🗘

这些标题直击痛点，让目标受众看到后会想："这不就是在说我吗？"进而产生强烈的点击欲望。

（3）承诺价值

用户点击你的视频，本质上是在寻找解决方案或者娱乐价值。一个好标题应该明确传达观看后能获得什么价值。

指令提示：为"15 分钟居家健身教程"创作 3 个突显核心价值的标题。

DeepSeek 会给你这样的标题：

> 🈯 已深度思考 (用时 27 秒) ∨
>
> 1. 「科学高效！15分钟居家核心特训，零器械打造全天候活力」
>   （价值点：精准聚焦高效训练模式＋居家场景适配性＋全天候能量激活）
> 2. 「没空去健身房？15分钟居家燃脂计划，高强度间歇激活全身能量」
>   （价值点：解决时间痛点＋专业课程替代方案＋新陈代谢提升系统）
> 3. 「碎片时间变黄金！15分钟居家全能健身方案，紧致线条＋提升代谢一举两得」
>   （价值点：时间资源化理念＋复合型训练收益＋长期健康价值赋能）
>
> ‹ 2/2 › 🗐 🖒 🖓 🖓

这些标题清晰地表明了观看视频后能获得的具体好处，大大提高了点击率。

2 >> 不同类型视频的标题制作技巧

不同类型的视频适合不同的标题风格。让我们看看各类视频的标题制作技巧。

（1）教程类视频标题

教程类视频的标题需要突出实用性、易操作性和独特性。

指令提示：为"简单家常菜教程"设计 5 个高点击率的教程视频标题。

DeepSeek 会给你这样的专业标题：

> ⊗ 已深度思考（用时 23 秒） ∨
>
> 以下是为"简单家常菜教程"设计的5个高点击率视频标题，结合了痛失解决、情感共鸣和关键词优化：
>
> 1. 【10分钟搞定！】厨房小白逆袭3道拿手菜｜零失败保姆级教程
>   （强时间+身份认同+结果导向）
>
> 2. 被全家夸爆的5道家常菜！手残党闭眼做都能光盘
>   （情感价值+痛点解决+效果可视化）
>
> 3. 挑战用¥20做一周晚餐！打工人必学的省钱菜谱合集
>   （价格锚点+特定人群+实用场景）
>
> 4. 这5道菜让外卖APP卸载率飙升！比餐馆还好吃的家常秘诀
>   （冲突对比+悬念暗示+价值暗示）
>
> 5. 【新手必藏】拒绝翻车！从切菜到摆盘的保姆级全流程演示
>   （权威暗示+痛点解决+完整价值链）
>
> 设计逻辑：
>
> 1. 时间敏感：强调"10分钟""一周"符合现代人效率需求

这些标题既点明了教程内容，又突出了学习这个教程的独特价值。

（2）娱乐类视频标题

娱乐类视频标题需要更加吸睛、有趣，甚至有点夸张。

指令提示： 为"搞笑宠物日常"创作 5 个能引发用户点击的娱乐视频标题。

DeepSeek 会给你这些有趣的标题：

> ⊗ 已深度思考（用时 23 秒） ∨
>
> 以下是为"搞笑宠物日常"设计的5个高点击率视频标题，结合悬念、萌点和网络热梗：
>
> 1. 【慎入笑点】被猫主子当滑梯的第3天，我头秃了但邻居笑出腹叫 😹
>   （悬念+反差萌+音效联想）
>
> 2. 🐶年度社死现场！狗子拆家时突遇扫地机器人……结局让我笑到邻居报警！
>   （热词植入+冲突升级+结果反转）
>
> 3. 全网寻找同款戏精猫！这演技秒杀小鲜肉你敢信？🐱 #萌宠奥斯卡
>   （互动挑战+夸张对比+话题标签）
>
> 4. 【高能预警】当二哈遇见会跳舞的扫地机……最后那个动作我看了10遍！！
>   （冲突设定+动作悬念+重复暗示）
>
> 5. 猫狗双全的痛谁懂？偷吃翻车现场居然演成偶像剧！你能忍住不笑算我输 😹
>   （身份共鸣+剧情反转+挑战式互动）
>
> 标题设计技巧：
>
> 1. 使用【】符号制造仪式感

这些标题富有趣味性和故事感，让人忍不住想点进去看看有什么笑料。

（3）知识科普类视频标题

知识科普类视频标题需要兼顾专业性和趣味性，既要显得有深度，又不能太枯燥。

指令提示：为"天文知识科普"设计 5 个既专业又有趣的科普视频标题。

DeepSeek 会给你这样的标题：

> 曘 已深度思考（用时 25 秒） ∨
>
> 以下是5个既专业又有趣的天文科普视频标题，结合科学深度与趣味表达，激发观众好奇心：
>
> 1. **《黑洞是宇宙的吸尘器吗？揭开时空漩涡的十大迷思》**
>   - **亮点：**用生活化比喻降低理解门槛，结合"十大迷思"悬念式提问，引导观众探索事件视界、潮汐力等硬核知识。
>
> 2. **《银河系与仙女座的终极碰撞倒计时：你的曾曾孙能看到星空烟花吗？》**
>   - **亮点：**以"倒计时"营造紧迫感，用"星空烟花"浪漫化星系碰撞，讨论引力主导的宇宙演化过程。
>
> 3. **《太阳系的边缘在哪里？柯伊伯带与奥尔特云的"冰雪王国"之旅》**
>   - **亮点：**以探索未知边界为切入点，将小行星带比作"冰雪王国"，解密彗星来源及太阳引力影响范围。
>
> 4. **《暗物质：宇宙中的"隐形富豪"如何掌控星系命运？》**
>   - **亮点：**用"隐形富豪"类比暗物质不可见但主导质量的特点，探讨引力透镜、星系旋转曲线等观测证据。
>
> 5. **《如果宇宙在膨胀，我们为什么没被"吹散"？138亿年的时空橡皮筋魔术》**
>   - **亮点：**用反常识提问引发思考，以"橡皮筋"比喻宇宙膨胀的尺度变化，融入哈勃定律与暗能量概念。
>
> **设计思路：**
> - **冲突感：**通过疑问句（如"为什么没被吹散？"）制造认知冲突，驱动观众寻找答案。
> - **生活化类比：**将抽象概念具象化（如"吸尘器""富豪""橡皮筋"），降低理解难度。

这些标题既传递了科学知识的专业感，又用有趣的表达方式激发了观众的好奇心。

有了 DeepSeek 的帮助，你可以轻松打造吸引人的视频标题，让你的内容不再被埋没，获得应有的关注和点击！下次当你为视频标题发愁时，不妨让 DeepSeek 帮你出谋划策，用科学方法打造吸睛标题，提高点击率，让你的好内容被更多人看到！

创意视频文案：
让观众记住内容的表达技巧

你有没有这样的经历？看完一条视频后，内容瞬间就忘得一干二净，却对另一条视频中的某句话或某个点记忆深刻，甚至还会主动分享给朋友？这就是创意文案的魔力！

在视频内容爆炸的时代，好的内容不仅要"看得见"，更要"记得住"。而创意文案，正是让你的视频从"看过就忘"变成"记忆深刻"的关键。今天，让我们一起用 DeepSeek 来掌握视频创意文案的核心技巧，帮你打造让观众过目不忘的内容！

1 >> 用 DeepSeek 创作三类超赞视频文案

不同类型的视频需要不同风格的文案。让我们看看如何用 DeepSeek 创作三类常见的视频文案。

（1）开场白文案：3 秒抓住观众

优秀的开场白就像电影的第一个镜头，决定观众是否愿意继续看下去。用 DeepSeek 可以轻松设计抓人的开场白。

比如，如果你要做一条关于"如何提高工作效率"的视频。

指令提示：为"如何提高工作效率"的视频设计 5 个有吸引力的开场白，每个不超过 30 字。

DeepSeek 会给你这样的开场白选择：

> 器 已深度思考（用时 19 秒）∨
>
> 1. "每天加班累成狗？3 个技巧让你准时下班！"
> 2. "时间总不够用？这招让效率翻倍的秘密武器！"
> 3. "拖延症晚期？1 分钟学会终结分心的终极方法！"
> 4. "95% 的人都在犯的 5 大时间陷阱，你中了几个？"
> 5. "被工作追着跑？这套黄金公式让你每天多出 3 小时！"

这些开场白各有特色，都能迅速抓住观众注意力，让他们想继续看下去。

（2）核心内容文案：清晰又有记忆点

视频的主体部分需要文案既清晰易懂，又有记忆点。DeepSeek 能帮你实现这一目标。

指令提示：为"提高工作效率"的 3 个核心观点（时间分块、专注工作、及时复盘）设计既通俗易懂又有记忆点的表达方式。

DeepSeek 会给你这样的文案设计：

> 器 已深度思考（用时 15 秒）∨
>
> 以下是为 3 个核心观点设计的「黄金三段论」表达法，每个观点采用生活化比喻+行动指令结构，便于理解记忆：
>
> 1. 「切蛋糕工作法」
>   "把时间切成番茄块，一口一口吃任务！"
>   （时间分块：番茄工作法意象+分块执行指令）
>
> 2. 「单线程模式」
>   "关掉大脑多窗口，一次只烧一壶水！"
>   （专注工作：电脑多线程+生活场景双隐喻）
>
> 3. 「每日打补丁」
>   "下班前给大脑杀毒，漏洞不过夜！"
>   （及时复盘：软件更新+网络安全热词）
>
> **设计逻辑：**
> ① 用「切蛋糕/单线程/打补丁」建立具象锚点，对应分割、专注、修复三个核心动作
> ② 双类比结构（科技+生活）覆盖不同受众认知
> ③ 动词短语「切/关/杀」制造行动张力，强化记忆点

（3）结尾号召文案：促进行动和互动

视频结尾的号召性文案，决定了观众是否会采取进一步

行动（点赞、评论、分享或者实践内容）。

指令提示：为"工作效率提升"视频设计 5 个自然有力的结尾号召文案，引导观众按内容实践并在评论区分享成果。

DeepSeek 会给你这样的结尾文案：

🈳 已深度思考（用时 26 秒） ∨

以下是为「工作效率提升」视频设计的5个行动号召结尾模板，融合成果可视化+社交激励机制：

1. 「现在点击暂停键！立刻拆解今日任务清单，第一个完成的伙伴来评论区领效率勋章！」
   （触发即时行动+荣誉激励）

2. 「关掉视频前做这件事：手机倒计时25分钟，用番茄块吃掉最难任务！敢晒截图的都是狠人」
   （绑定番茄钟工具+挑战式互动）

3. 「你的2024高效人格已加载90%！在评论区输入【燃烧效率】解锁完整攻略，明早多睡1小时」
   （游戏化进度暗示+利益诱惑）

4. 「记住这个暗号：烧水不看火！今天选1个任务开启单线程模式，打卡满3天私信我领时间管理模板」
   （强化记忆点+持续行动奖励）

5. 「现在！马上！给今天的工作漏洞打补丁，分享复盘笔记的前10名，送你AI周报生成神器！」
   （制造紧迫感+工具型钩子）

设计心法：
① 用【现在/立刻】强化行动时机，破除「收藏夹吃灰」魔咒
② 用【勋章/攻略/神器】等具象奖励，将抽象方法论转化为可触摸成果
③ 评论区预设【仪式化口令】，降低观众互动心理门槛

这些结尾文案既自然又有吸引力，能有效促进观众互动和实践内容。

2 》 五大创意文案技巧，让内容过目不忘

除了基本的开场、内容和结尾文案外，以下五大创意技巧能让你的视频文案更加出彩。

（1）"三明治"表达法：三段式架构

"三明治"表达法是指把一个观点或信息分成 3 个部分来表达：预告要点、详细解释、总结重申。这种结构既清晰又容易记忆。

指令提示：用"三明治"表达法为观点"正确使用社交媒体可以提升而非消耗生活质量"创作一段视频文案。

DeepSeek 会给你这样的三明治结构文案：

> **圆 已深度思考**（用时 23 秒）⌄
>
> **视频文案（三明治结构）**
>
> **[第一层：正面肯定]**
>
> "你知道吗？每天刷手机时长的前10%用户，其实在用社交媒体赚外快、学技能、拓人脉——他们解锁了屏幕之外的真实价值。"
>
> **[夹心层：痛点警示+解决方案]**
>
> "但多数人被困在无意识刷屏的漩涡里：越刷越累，越累越刷。
>
> 破解法则其实就三招：
>
> ❶ 设『数字宵禁』（22点后锁屏）
>
> ❷ 变『内容猎手』（只关注能解决你当下问题的账号）
>
> ❸ 做『价值焊工』（每刷10分钟，必须点赞/评论/收藏输出观点）"
>
> **[底层：升华激励]**
>
> "从今天起，让每次滑动屏幕都变成自我升级的燃料——你的注意力很贵，别让算法做了它的主人。在评论区写下你的『反吞噬宣言』，72小时后回来看看生活改变了多少。"

这种"预告—详解—总结"的三明治结构，让观众对内容有清晰的预期，中间能获得详细信息，最后又能记住核心要点。

（2）"对比反差"法：制造强烈印象

人脑对反差和对比特别敏感。善用对比能制造强烈的视觉和心理冲击，让内容更加难忘。

指令提示： 用"对比反差法"为"健康饮食的重要性"创作一段有冲击力的视频文案。

DeepSeek 会给你这样充满对比反差的文案：

> **圆 已深度思考**（用时 24 秒）⌄
>
> **【分屏对比式视频文案脚本】**
>
> （画面分割为左右两屏，左侧灰暗色调，右侧明亮色调，同步推进）
>
> 🎵音乐：从低沉心跳声渐变为轻快旋律
>
> **【00:03】早餐时刻**
>
> 左：油腻的手撕开汉堡包装，碳酸饮料泡沫喷溅
>
> 右：纤长手指剥开青蛋，玻璃杯倒出绿色蔬果汁
>
> ✏画外音："同样的早晨，不同的选择"
>
> **【00:07】办公场景**
>
> 左：键盘旁堆满薯片袋，男子揉着太阳穴打哈欠
>
> 右：女生吃着坚果盒，屏幕光标快速移动

（3）"故事化"表达：让抽象概念具体化

人类天生喜欢故事，将抽象的概念或数据通过故事表达，能让内容更易理解和记忆。

指令提示：用"故事化"的视频文案表达"财务自由的重要性"概念。

DeepSeek 会给你这样的故事化文案：

> ▓ 已深度思考（用时 29 秒）∨
>
> 视频标题：《时间银行》
>
> [开场：黑白镜头，地铁站人潮汹涌，西装革履的男主（阿杰）挤在人群中，领带歪斜，咖啡泼洒在文件上，旁白低沉]
>
> **旁白：**
> "你拼命用时间兑换钞票，但有没有算过——你的时间账户，还剩多少余额？"
>
> [画面切至办公室深夜，阿杰在电脑前敲键盘，手机弹出女儿生日视频。女儿奶声奶气："爸爸，你说今天陪我堆乐高——"他沉默着关掉屏幕，窗外霓虹倒映在发红的眼眶里。]
>
> [镜头模糊转场，医院走廊刺眼的白光。诊断书上"胃部肿瘤"四个字被颤抖的手捏皱，身后传来妻子压抑的抽泣声。]
>
> **旁白（加快语速）：**
> "加班费能买药，却买不回健康；年终奖能买玩具，但买不到孩子的童年。"
>
> [画面突然变暖：阿杰在公园长椅遇见钓鱼的老者（神秘投资人老周），鱼竿突然一抖！鱼线扯出的不是鱼，而是一枚锈迹斑斑的怀表。]
>
> **老周（沙哑轻笑）：**
> "年轻人，你以为自由需要千万存款？（敲开怀表，表盘没有数字，只刻着'时间=生命'）先算清楚——你真正想买的是什么。"
>
> [蒙太奇快剪：阿杰深夜研究理财书籍/在阳台用手机定投基金/拒绝无意义酒局陪女儿搭城堡/带着妻女在洱海边骑行。背景音乐从压抑电子音渐变为轻快的吉他曲。]
>
> **旁白（逐渐激昂）：**
> "当被动收入开始替你打工，你才读懂——真正的财富，是早晨陪母亲散步的露珠，是深夜给爱人读诗时窗

这样的故事化表达，将抽象的"财务自由"概念通过两个具体人物的对比故事展现出来，观众能够更容易理解和记忆。

（4）"拟人化"技巧：增加亲近感和趣味性

将抽象概念、物品或现象拟人化，能增加内容的亲近感和趣味性，让严肃或复杂的主题变得生动有趣。

指令提示：用"拟人化"技巧为"免疫系统工作原理"

创作一段有趣的视频文案。

　　DeepSeek 会给你这样的拟人化文案：

　　有了 DeepSeek 的帮助，你可以轻松打造专业、有创意且令人难忘的视频文案，让你的内容不再平淡无奇，给观众留下深刻印象！

爆款话题发掘：
利用 DeepSeek 挖掘热门话题的实用方法

　　你是否曾有过这样的困扰：想创作内容，却不知道该写些什么；眼看别人随便发个帖子就能引来一片热议，而自己精心准备的内容却无人问津；或者你有很多创作想法，但不确定哪个更有潜力成为爆款。

　　别担心，这些都是内容创作者常见的烦恼！而今天，我们要学习如何用 DeepSeek 轻松发掘热门话题，让你的内容更容易出圈！无论你是做自媒体、运营公众号、写博客，还是只想在社交平台上获得更多互动，这些方法都能帮到你。

‹1› 用 DeepSeek 探索热门话题的五大方法

（1）热点追踪法：紧跟时事热点

热点话题就像一列高速行驶的列车，及时搭上就能借势传播。但问题是，如何在茫茫信息海洋中迅速找到有价值的热点，并判断它是否适合你来创作？

DeepSeek 能帮你解决这个问题！

指令模板：请分析近期 [领域] 的 3 个热门话题，并评估它们的热度持续性和创作价值。

比如，你是一名美妆博主，可以这样问："请分析近期美妆行业的3个热门话题，并评估它们的热度持续性和创作价值。"

DeepSeek 会给你类似这样的分析：

根据近期搜索结果，以下是美妆行业最受关注的三个热门话题，结合其热度持续性及创作价值的分析：

1. 新消费群体崛起与细分市场深化 [1] [9]

热门内容：

- 以18~40岁女性为核心的美妆消费群体呈现多元化需求，例如"美潮文艺癖""悦己质享派"等细分人群崛起，消费者不仅关注产品功效，更追求情感联结、社区互动与性价比的平衡 [1] [9]。
- 消费行为趋于理性，科学护肤、情绪护肤等新兴概念成为主流，同时彩妆领域强调个性化表达（如影视剧妆容、季节性场景妆容）[1] [9]。

热度持续性：

- **高。**消费者需求的多样性是长期趋势，且随着Z世代和千禧一代逐渐成为消费主力，细分市场的挖掘将持续深化。例如，科学护肤和情绪价值结合的创新产品将吸引长期关注。
  - **创作价值：**
    - 可围绕"如何精准触达细分人群"展开内容，如分析不同人群的消费心理、产品设计逻辑或品牌案例（如溪木源针对敏感肌的"氨白因系列"）[2] [7]。
    - 创作方向建议：用户画像分析、品牌差异化策略、情感营销案例解读。

有了这样的分析，你就能迅速判断哪个热点更适合你来创作，以及从什么角度切入最有价值。

（2）问题挖掘法：找到目标受众的痛点

人们在网上搜索和讨论最多的，往往是他们真正关心和困扰的问题。找到这些问题并提供解答，是创作爆款内容的黄金法则。

指令模板：请列出 [目标受众] 当前最关心的 10 个问题，并按搜索热度排序。

比如，你的目标受众是职场新人，可以这样问："请列出职场新人当前最关心的 10 个问题，并按搜索热度排序。"

DeepSeek 会给你一个详细的问题列表：

> 🌀 已深度思考（用时 35 秒） ∨
>
> 根据2025年职场趋势报告及相关调查数据，以下是当前职场新人最关心的10个问题，按搜索热度从高到低排序，并结合行业动态和求职趋势分析：
>
> **1. 职业规划与发展路径**
>
> 职场新生代普遍关注如何在30岁前实现职业可能性与稳定的平衡，近六成受访者希望工作能提供"安全感与自由并存"的发展空间 ⑦ ⑲。此外，大学阶段就业准备期提前，超三分之一学生从大一开始规划职业路径，反映出对长期职业方向的迫切需求 ⑦ ⑲。
>
> **2. 技能提升与竞争力培养**
>
> 软技能（如沟通、逻辑分析、数据分析）成为求职关键，重要性超过传统社交技能（如应酬）。同时，AI工具使用能力、跨学科复合技能（如机械设计+编程）需求激增，部分岗位薪资涨幅高达50% ⑦ ⑩ ⑫。
>
> **3. 行业选择与热门岗位前景**
>
> 先进制造（如新能源汽车、芯片）、AI/大模型、新能源（如固态电池）、医疗健康等新兴行业成为求职热点。AI工程师月薪可达10万，智能驾驶算法专家年薪80-200万，吸引大量新人关注 ⑩ ⑫。

这些问题既反映了目标群体的真实痛点，又具有较高的搜索量，是制作爆款内容的绝佳选题。

你还可以让 DeepSeek 进一步帮你分析某个问题的不同维度。

指令提示：请深入分析"如何在职场中建立自己的竞争力"这一主题下的 5 个不同切入角度，以及每个角度成为爆款文案的潜力。

这样，你不仅找到了热门问题，还能从最有潜力的角度进行创作。

（3）争议话题法：发掘高讨论度的分歧

人们天生喜欢参与讨论有分歧的话题，表达自己的观点。找到那些存在不同声音的争议点，往往能激发高互动。

指令模板： 请列出 [领域] 中存在明显分歧的 5 个争议话题，并分析正反两方的观点。

如果你关注教育领域，可以这样问："请列出教育领域中存在明显分歧的 5 个争议话题，并分析正反两方的观点。"

DeepSeek 会给你这样的分析：

> 🔵 已深度思考（用时 21 秒）✓
>
> 以下是教育领域中存在明显分歧的5个争议话题及其正反两方的观点分析：
>
> ――――――――――――――――――――
>
> **1. 标准化考试的利弊**
>
> **支持方观点**
>
> - 提供统一的评估标准，便于横向比较学生、学校和地区的教育水平。
> - 通过考试压力促使学生掌握基础知识和应试能力，为升学或就业提供客观依据。
> - 数据化的结果可帮助政策制定者优化教育资源配置（例如中国高考、美国SAT）。
>
> **反对方观点**
>
> - 考试内容机械化，压抑学生创造力和批判性思维，导致"应试教育"盛行。
> - 加剧教育不平等（富裕家庭可通过补习提高成绩，贫困学生缺乏资源）。
> - 单一评价体系忽视学生多元能力（如艺术、社交技能等）。
>
> **2. 技术在教育中的角色（如在线教育、AI工具）**
>
> **支持方观点**
>
> - 在线教育打破地域限制，提供灵活学习机会（如Coursera、可汗学院）。
> - AI辅助教学可个性化定制学习路径，提高效率（例如自适应学习系统）。
> - 技术工具（如平板电脑、编程课程）帮助学生适应数字化未来社会。

（4）趋势预测法：抓住新兴热点

与其跟风已经爆发的热点，不如提前布局即将爆发的趋势。这就像投资一样，早期入场往往收益更大。DeepSeek可以帮你发现这些潜在趋势。

指令模板： 请分析 [领域] 未来 6 个月可能兴起的 3 — 5

个新趋势，并说明判断依据。

比如，你想了解有关时尚领域的趋势预测，可以这样问："请分析时尚领域未来 6 个月可能兴起的 3—5 个新趋势，并说明判断依据。"

DeepSeek 会给你这样的趋势预测：

> ⟨ 已搜索到 48 个网页 ⟩
>
> 🔲 已深度思考（用时 44 秒）∨
>
> 根据2025年时尚行业的动态和用户提供的搜索结果，未来6个月（2025年3月至9月）可能兴起的趋势及判断依据如下：
>
> **1. 可持续时尚的深化与材料创新**
>
> · 判断依据：
>
> ○ 多个报告指出，消费者环保意识增强，品牌开始采用再生材料、环保染料，并强调供应链透明度和产品可回收性 ③ ⑧ ⑩。
>
> ○ 例如，部分品牌已尝试使用海洋塑料制作服饰，提升环保形象 ⑩。
>
> ○ 贝恩公司数据显示，消费者对可持续产品的需求推动市场增长，预计2035年银发经济规模达30万亿元，其中环保消费占比显著 ① ⑦。
>
> **2. 数字化与虚拟时尚的普及**
>
> · 判断依据：
>
> ○ 人工智能（AI）和虚拟现实（VR）技术被广泛应用于设计、营销和购物体验。例如，AI生成模特图像替代传统摄影，降低制作成本 ② ⑩。
>
> ○ 品牌推出虚拟试衣间和数字服装，吸引年轻消费者，如Puma与曼城合作的AI球衣设计平台 ② ⑧。
>
> ○ 94%的时尚企业计划在2025年增加技术投资，推动虚拟体验成为主流 ②。
>
> **3. 银发族消费市场的崛起**
>
> · 判断依据：
>
> ○ 京东报告显示，银发族线上消费金额较2019年增长105%，偏好与年轻人趋同（如运动休闲、高级灰等色系）①。
>
> ○ 奢侈品牌如巴黎世家、罗意威邀请中老年模特代言，设计更贴合银发族需求的舒适剪裁服装 ① ⑥。
>
> ○ 预计2035年中国老年人口突破4亿，银发经济规模达30万亿元，品牌需调整策略抢占市场 ①。

这样的趋势预测能帮你提前布局内容，在趋势刚起步时就占据先机。

2 >> 敏感话题的平衡策略

一些有争议的话题往往最能引发讨论，但也容易引起分歧。如何平衡地处理这类话题？

指令模板：请分析 [争议话题] 的多方观点，并提供一个能兼顾不同立场的中立表达框架。

比如，对于"青少年使用手机利弊"这个话题："请分析"青少年使用手机利弊"的多方观点，并提供一个能兼顾不同立场的中立表达框架。"

DeepSeek 会给你一个平衡的框架：

这样的框架能够尊重不同立场，提供多维度的思考，避免陷入非此即彼的二元对立，让你的内容更具包容性和说服力。

找到好话题只是第一步，将话题转化为优质内容，还需要你的创意和执行力。但有了 DeepSeek 作为你的创作助手，发掘爆款话题将变得更加简单高效！